個人情報(プライバシー)丸裸のマイナンバーはいらない！

永山利和・今西 清―編著

鎌田 一・坂本 団・白石 孝・恒川隆生 ほか著

大月書店

はじめに

　2015年10月マイナンバー制度のスタート以来、マイナンバー・シンドロームが起きています。制度発足に伴い、簡易書留による通知カードの配達遅れや誤配事故が相次いでいます。不正な勧誘や詐欺事件が発生しても救済策もなく、不達の場合は自ら自治体窓口に取りに来るように指示する地方自治体の対応への不信や不安が募っています。

　笑止の極みというべき通知書の印刷忘れに至ってはシステムミスそのものです。また厚生労働省医療関連システム担当者の贈収賄事件が起き、制度創設の仕組みに潜む企業名も知らされず、公契約を悪用した人間に根ざす犯罪につながりました。制度悪用や詐欺、マイナンバー制度制定時から心配された事態が多発しています。

　様々な行政サービス領域にマイナンバーが利・活用され、政府がいう税や社会保障・社会保険負担の公平化、給付改善、行政諸手続きの迅速化・簡素化など、国民にとってあたかもいいことずくめのように宣伝されます。だが効果を発揮するだけの出発とはとてもいえません。有料電話での問合せも評判が悪く、フリーダイヤルに変えられました。

　マイナンバー制度は従業員を雇用する企業や機関に13桁の法人マイナンバーが付番されます。付番された法人はマイナンバーを扱う社内規定の策定、個人情報が収集、保管、管理されます。法人のこの特定個人情報は行政が管理する個人番号情報以上に従業員の履歴書、健康診断書、扶養家族番号等にも及ぶ情報が保管されます。

　特定個人情報の安全管理には、企業に必要な組織体制、担当者配置と監督、区域管理、漏えい防止、アクセス制御やマイナンバー対応の人事、給与、会計等のシステム構築、社内研修が求められ、マイナンバー利用の範囲、番号の提供要求、収集・保管、業務上の取引に伴って成立する取引関係先の委託、再委託先等への組織的管理・監督体制を整えるなど、その負担は大変なものになります。

　従業員の情報"取得"は入・離職の異動や変更が生じますから、それらの情報収集、作成・変更、情報管理のために金庫等の物的、技術的安全施設による

管理義務が付加されます。しかも離職や保存期間を過ぎた特定個人情報は、正確な廃棄や削除が義務付けられます。

　さらに法人番号管理は個人番号を管理する内閣府と異なり、国税庁長官に権限があります。

　加えて法人番号は名称、所在地とともにインターネット上に公開され、ダウンロードも可能です。したがって行政機関が監視・管理するシステムと異なり、法人番号の収集・管理・利用の過程で個人情報が行政機関より容易に漏出する高い可能性が危惧されます。

　税、社会保障にはこれまでも番号制度は活用されてきました。所得税、法人税そして各種社会保険に納税者や社会保険加入者番号が付番され、活用されてきました。そこに"消えた年金"騒ぎ、社会保険庁を解体して再出発させた日本年金機構からは大量情報流出が起きました。社会保険庁を解体しても"消えた年金"問題の原因や情報漏出要因を取除いたとは到底いえません。むしろ社会保険庁を解体して年金機構にしたからこそ、"消えた年金"問題がブラックボックス化し、情報漏出が防げなかったことは子どもにもわかります。

　マイナンバー制度も政府のいうようないいことずくめでないことは明らかです。今なぜマイナンバー制度発足なのか。このことに疑問を抱いた国や地方の行政機関で公務労働と労働組合運動に従事してきた方々の協力を得て、本書は2カ月余りの準備と討議を経て短期間で取りまとめられました。不十分な内容や誤り、また想定外の事象も生じることでしょう。本書を手にした皆さんが学習、論議に活用していただくことを願い、編集と執筆作業をしました。対峙しているのは徴税強化と社会保障抑制、戦争する国への悪い方向に舵が取られている現政府の行政組織です。

　私たちが目指しているものは、戦争をしない国家、原発事故や放射能廃棄物処理の危険を避ける政策の実現、沖縄県をはじめとする軍事基地を拡張せずに平和のうちに幸福追求ができる国づくりを目指すことです。とくにマイナンバー制度は多くの国民の強い願いに逆行する、国民管理・監視の強力なインフラストラクチャとなることを危惧し、その廃止・無用化を主張するものです。

2015年12月11日　永山　利和

目次

はじめに 3

プロローグ　戦争する国と軌を一にして ……………………………… 9

1 マイナンバー制度の概要 …………………………………………… 11
- 1　マイナンバーの利用範囲とスケジュール　11
- 2　個人番号制度にメリットはあるのか　11
- 3　利用範囲を広げるほど高まるリスク　13
- 4　制度面の保護措置も不十分　13
- 5　リスクを100％回避することはできない　14

2 マイナンバー制度のなりたち ……………………………………… 15
- 1　住基ネットから新たな制度へ　15
- 2　利用拡大に慎重姿勢だった政府　16
- 3　利用拡大の契機はアベノミクス　17
- 4　拡大へと舵を切った分科会報告　18

3 官民共通の個人番号制度導入のねらい ……………………………… 19
- 1　IT産業などへの利益誘導　19
- 2　真のねらいは戦争する国への準備　20
- 3　まず国家公務員を監視下に　21
- 4　特定秘密保護法の適性評価に利用する危険性　21
- 5　「国民全体の奉仕者」から「戦争の奉仕者」に　23

4 監視社会にさせてはならない ……………………………………… 24
- 1　監視社会はすぐそこまで近づいている　24
- 2　監視社会への道を引き返すなら「いま」　25

第1章　マイナンバーが使われる現場はどうなっている …………… 27

1 マイナンバー制度、問われる自治体の役割 ………………………… 28
- 1　番号通知の開始、混乱劇の開始　28
- 2　利便性を強調する政府、出生届けを出すと個人番号が発生する　28
- 3　カード普及、何がなんでもICチップを普及させる　29
- 4　カード交付　30

5　あらゆる事務に個人番号　31
　　　6　徴収強化、給付抑制　33
　　　7　個人情報保護条例の一部改正　36
　　　8　自治体の姿勢が問われる　37

2　マイナンバーと介護保険 …………………………………………39
　　　1　早くも大混乱、申請書等への個人番号記載をめぐって　39
　　　2　介護保険制度の枠組みと他の行政情報との連携　49
　　　3　利用者負担増の手段　資産勘案の試金石　53

3　公共職業安定所（ハローワーク）の現場では ……………………56
　　　1　事業主の手続き　56
　　　2　在職者の手続き　58
　　　3　離職者の手続き　60
　　　4　負荷が高まる一方の個人情報管理　61
　　　5　まさかここまで　62

4　税務行政の現場はどうなっているか………………………………63
　　　1　番号法と税務行政　64
　　　2　既存の番号との関係　64
　　　3　住民基本情報の照会　65
　　　4　国税庁の番号利用　65
　　　5　国税庁への情報提供の制限　66
　　　6　法定調書の名寄せとデータマッチング　66
　　　7　情報連携と税務調査　67
　　　8　税務調査の制限　68
　　　9　第三者や取引相手の番号取得　69
　　 10　本人確認の問題　70
　　 11　番号記載のない申告書等の取扱い　71
　　 12　源泉徴収票等への番号記載の問題　71

5　中小企業は ……………………………………………………………73
　　　1　現時点でのマイナンバーに対する認識　73
　　　2　これから起きうるだろうマイナンバー制度の心配　76
　　　3　それでもマイナンバーが動き出した。対処はどうする！　77

第2章　国民・住民の権利をどう守る ……………………………81

1　マイナンバー制度について正しく知り、知らせることの重要性………82
　　　1　政府の説明は不十分で不正確　82

2　プライバシー侵害の危険性を正確に理解する　84
　　3　国民のメリットは二の次であることを理解する　86
　　4　リスクや本質をふまえた上で番号法の規制を理解する　87
　　5　自治体の役割は大きい　88

2　マイナンバーの提供義務について……………………………………89
　　1　番号法はマイナンバーの提供義務を規定していない　89
　　2　社会保障に関する手続きでもマイナンバーの提供は必ずしも義務ではない　90
　　3　税法上は義務とされている　90

3　マイナンバーカードの取得は慎重に……………………………………94

4　利用範囲の拡大に反対する………………………………………………95
　　おわりに　95

第3章　番号法の法的問題点と個人情報保護の展望……97

1　個人番号制度の構想とその特徴……………………………………………99
2　社会保障・税番号大綱に依拠した番号法の内容………………………104
3　法案審議で何が議論されたか………………………………………………107
4　マイナポータル導入による個人情報保護水準は向上するのか………109

第4章　強行する政府のねらいは何か……………………113

1　マイナンバー制度がもたらす不安………………………………………114
　　1　マイナンバー制度のスタート　114
　　2　マイナンバー制度における国と地方および国民、個人の位置　118
　　3　マイナンバー制度がもたらす結果　121

2　社会保障改悪のツールとなるマイナンバー制度………………………124
　　1　番号法の成立経過にみる重大な変更　125
　　2　マイナンバー制度の積極活用を推進する安倍政権　126
　　3　社会保障政策の変遷とマイナンバー制度　128
　　4　健康・医療・介護分野での利活用の動き　130

3　自動車登録にまで使われるマイナンバー………………………………133
　　1　自動車保有関係手続きにかかわるワンストップサービス（OSS）　135
　　2　自動車にかかわる税とマイナンバー制度について　136
　　3　自動車登録とマイナンバー制度について――今後の展開　137
　　4　今後予想される課題　139

第5章　諸外国の番号制度はどうなっている ······················· 141

1　住民基本台帳ネットワークシステムとの相違···················· 142
2　治安維持のために実施した韓国では大量の個人情報が流出········ 145
3　共通番号から個別番号を模索するアメリカ······················ 147
4　官民分野での広範な利用のスウェーデンで所得情報も公開········ 149
5　国民番号法を撤回し、納税番号制度を導入したオーストラリア···· 150
6　イギリスでは、生体情報入りのIDカードを保守党が廃止········· 151

第6章　戦争をする国家・改憲へのインフラづくり ················· 153

1　マイナンバー制度の始まり···································· 154
　　1　「税と社会保障の一体改革」における核心　154
　　2　「住基ネット」の置き土産以上に危険なマイナンバー制度　155

2　「狭き門」より入る日本（「国家」）の将来······················· 157
　　1　政府はなぜマイナンバー制度のメリットばかりを強調するのか　157
　　2　「住基ネット」とマイナンバー制度との共通性と7つの相違性　158
　　3　制度運用に当たって国民・市民の十分な了解なき始発　162

3　国民監視・管理を強め、国家は戦争ができる国に向けた
　　国民監視・管理と財政基盤の確立が目当て······················ 163
　　1　国民の個人情報捕捉領域の拡張と行政によるフリーハンドな活用　163
　　2　強まる国民監視・管理に広がる不安　165
　　3　マイナンバー制度設計の罠（落とし穴）　169

むすび　173

プロローグ

戦争する国と軌を一にして

マイナンバー制度による「監視社会」から引き返すならいま

はじめに

　物流の世界では、バーコードなどによるID管理が進化し、在庫管理はもちろん、宅配便などの荷物の現在地などがリアルタイムで把握でき、これらが地球規模で広がっています。こうした物流の管理システムでは、まず個々の商品や荷物に数字や記号などの識別符号（ID）を割り付け、それを読み取り、コンピュータで情報を管理しています。そして、インターネットというユビキタス（いたるところにある）な仕組みによって世界中いつでもどこからでも情報の閲覧や操作が可能となっています。こうして物流の世界では、迅速かつ正確なシステムによって消費者にも利便性の向上などの効果をもたらしています。

　しかし、「モノ」を「ヒト（人間）」に置き換えた場合は、事態はまるで違います。人間には、意思があり、守られるべき権利があるため、「モノ」と同じように扱うことはできないことは言うまでもありません。人間が人間をまるごと管理するなどという発想は、奴隷制や封建制などの前近代的手法であり、法律によって個々の人間が平等に扱われ、思想信条などの基本的人権が尊重される社会には相容れない仕組みです。

　ところが、2015年10月5日に「行政手続における特定個人を識別するための番号の利用等に関する法律（以下、番号法）」が施行され、すべての住民に個人番号（本書では通称であるマイナンバーとします）という「背番号」が強制的に割り付けられ、これによって人間が人間を「モノ」と同じように管理することが可能となります。本稿では、国家権力が人間を管理するねらいと問題点について考察してみます。

1 マイナンバー制度の概要

1 ── マイナンバーの利用範囲とスケジュール

　マイナンバー制度は、住民基本台帳ネットワーク（以下、住基ネット）の住民票コードを変換して、12桁の個人番号を個人に強制的に割り付け、社会保障、税、災害対策の分野で関係する行政機関がそれぞれ保有する個人情報と個人番号とを結びつけて、「特定個人情報（個人番号を含む個人情報）」として管理するものです。

　割り振られた個人番号は、地方自治体から通知カードにより本人に通知されます。

　希望者には、ICチップ搭載で顔写真付きの個人番号カードが地方自治体から発行されます。マイナンバーの利用範囲は、①社会保障制度（健康保険、雇用保険、年金など）、②税制（源泉徴収、確定申告、支払調書など）、③災害対策（被災者生活再建支援など）の行政分野とされ、2015年9月のマイナンバー法「改正」で預貯金口座などへの利用も拡大されました。

　政府が予定している制度運用のスケジュールは、次のとおりです。

- 2015年　地方自治体がマイナンバーの通知カードを郵送（10月）
- 2016年　マイナンバーの利用開始、希望者に「個人番号カード」交付（1月）
- 2017年　マイナポータル開設（1月。ネットで利用状況確認が可能）、確定申告に利用開始（2〜3月）、地方自治体と連携開始（7月）
- 2018年　銀行預金口座に利用開始（1月。任意）、健康保険証に利用開始（4月）

2 ── 個人番号制度にメリットはあるのか

　政府は、個人番号制度によって、①行政手続きの簡略化、②行政の効率化

（コスト削減）、③社会保障給付の公正な運用、④税の公正な運用などにメリットがあることを強調しています。

　行政手続きの簡略化については、確かに年金や社会保険、雇用保険などの手続きなどで添付書類の一部が省略できたり、変更などの手続きが簡略化されたりするメリットはあると思います。しかし、その機会は一般の場合は、ごくまれにしか訪れません。

　行政の効率化について政府は、個人番号によって各制度がネットワークでつながり、ソフトやハード面で効率化でき、行政コストが下がるかのように言っています。しかし、法案の国会審議でも、マイナンバー制度導入にかかる初期費用は約3,000億円、年間経費は約300億円（住基ネットは約130億円）かかることが明らかになっていることから、コスト削減の効果については疑問です。

　社会保障給付の公正な運用については、2015年6月30日に閣議決定された「経済財政運営と改革の基本方針（以下、骨太の方針）2015」の社会保障分野の「改革の基本方針と重要課題」の中で、「公的サービスの産業化」の項で「マイナンバー制度のインフラ等を効率的に活用しつつ、医療保険のオンライン資格確認の導入、医療機関や介護事業者等の間の情報連携の促進による患者の負担軽減と利便性向上、医療等分野における研究開発の促進にとり組む」として公的保険外サービスの産業化の促進をねらっています。また政府は、財政健全化のために医療・介護・年金の各分野で「給付の適正化」と称した給付水準の引き下げを検討しています。そのため政府は、マイナンバー制度を利用して、個人の利用状況や保険料の納付状況を把握して、給付を抑制しようとしています。したがって、国民にとってはむしろデメリットと言えます。

　税の公正な運用については、「徴収もれを防ぐ」ことを目的としていますが、すでにサラリーマンは源泉徴収でほぼ100％捕捉されています。個人資産の捕捉がねらいであるとしても、個人番号制度では、不動産や海外資産は対象外であり、富裕層は海外へ資産を移すことが可能であることから、メリットといえるかどうかは疑問です。

　以上のように、国民にとってのメリットは、ごくわずかです。その一方、様々なリスクが指摘されています。

3────利用範囲を広げるほど高まるリスク

　個人番号制度を導入している国は少なくありません。しかしそれらの国々の多くは、利用範囲を税制などの分野に限定して運用しています。国連の電子政府評価で世界1位の韓国では、官民共通の番号制が浸透する反面、プライバシーの侵害や個人情報の不正使用などの犯罪が多発したため、2015年8月から民間企業の番号取得を禁止するなど規制を強化しています。このように官民共通番号制を導入している国は、個人番号の利用範囲を限定したり、個々の制度ごとの番号管理に切り替える傾向にあります。

　また、国家によって統制されることを懸念する国民の意向を反映して、番号制度を強制しない場合も多く、日本以外の先進国G8（アメリカ、カナダ、イギリス、フランス、ドイツ、イタリア、ロシア、日本）で、強制的に全員に番号を付与して官民共通利用の番号制度を導入している国はありません。ドイツなどでは、国民IDが権利を侵害する危険性があることから法律で禁止されています（「諸外国における国民ID制度の現状等に関する調査研究報告書」2012年4月、国際大学グローバル・コミュニケーション・センター）。

　このように、諸外国の例を見てみると、多方面の分野で共通の個人番号を利用することは、情報漏れなどのリスクが高まることから、利用範囲を限定したり、任意性を持たせる傾向にあることがわかります。

　しかし、日本のマイナンバー制度は、当初は利用範囲を限定するとしていましたが、政府が拡大する方針を示しており、諸外国と同様の問題が生じる危険性があります。

　そのため政府は、制度面とシステム面で保護措置を講じているから「安全」であると主張しています。

4────制度面の保護措置も不十分

　政府は、制度面の保護措置として、第三者機関である特定個人情報保護委員会（以下、保護委員会）を設置して、特定個人情報の取扱いについて行政機関

などを監視・監督するとしています。しかし、わずか39人の体制であり、まったく不十分です。仮に体制を強化したとしても特定個人情報の漏えい等のリスクがなくなるわけではありません。

　また政府は、番号法で特定個人情報を収集したり、保管することを禁止し、罰則を設けていることをもって制度面の保護措置として示しています。確かに番号法19条（特定個人情報の提供の制限）で特定個人情報の提供範囲を限定してはいるものの、同条12号で「議会による国政調査、訴訟手続きその他裁判所における手続き、裁判の執行、刑事事件の調査、租税に関する法律の規定に基づく犯則事件の調査、会計検査院の検査が行われるとき」を例外として特定個人情報の提供を認めています。

　また、同条では「その他政令で定める公益上の必要があるとき」と例外の範囲をさらに広げ、番号法施行令（政令第155号）の26条別表で、破壊活動防止法や組織犯罪処罰法など26もの法律と関連する条文について、特定個人情報の提供の制限の例外として規定しています。

　こうした例外規定を利用すれば、例えば、警察による刑事事件の捜査といった名目であれば、保護委員会の監視対象外となります。なにより行政機関は、自らの判断で利用しようと思えば利用できますし、それを監視するのは事実上不可能です。また、公務員が不正利用する可能性もあることから、保護委員会のチェックだけでは、歯止めにはなりません。

5── リスクを100％回避することはできない

　政府は、システム面の保護措置として、個人情報を一元管理するのではなく、従来どおり、それぞれの制度で分散管理し、行政機関間での情報のやりとりも個人番号を直接使用せず、暗号化も行うとしています。そうであるなら個人番号制度は必要ないのではとの疑問が生じます。

　また、日本年金機構で個人情報流出事件が生じたように、国や地方自治体のシステムのセキュリティレベルは、バラバラであり、完全ではありません。しかも、情報処理技術は、日進月歩で、高度なセキュリティ対策を講じたとしても、「いたちごっこ」で100％の安全はあり得ないというのは、この分野の

常識です。

マイナンバー制度では、民間事業者（事務等の委託先含む）も社会保障、税、災害対策の各分野で社員などの個人番号を管理することとなります。そのため政府は、特定個人情報の安全管理措置をガイドラインで示し、特定個人情報の取得や廃棄などの取扱規程の策定や管理担当者の配置、別室で厳重に管理するなどの方策を示しています。しかし、その実施方法と経費は事業者の責任とされていることから、これも情報漏えいを完全に防止することはできません。

特定個人情報は、ひとたび外部に流出したならば、様々な情報とのマッチングが可能な制度であり、悪用される危険性があり、利用範囲を広げれば広げるほど、その危険性が高まります。

2 マイナンバー制度のなりたち

1──住基ネットから新たな制度へ

政府は、個人番号制度の導入にあたって、サイバーセキュリティ対応能力の抜本強化を掲げていますが、その一方で、個人番号カードの普及に力を注ぎ、利用範囲を広げて情報漏えいのリスクを高めています。

政府がいまなぜ、こうした矛盾した施策を国際社会の趨勢に逆行してまで推進しようとしているのか、マイナンバー制度の成り立ちからみてみたいと思います。

番号制度の導入については、1968年に佐藤内閣が導入を検討しましたが、「国民総背番号制」との批判が高まり、導入を断念しました。その後、幾度か番号制の導入が議論されましたが、具体化することはありませんでした。

1999年に「改正」された住民基本台帳法によって、住基ネットが構築され、住民票（氏名、生年月日、性別、住所）に11桁のコードがつけられ、地方自治体内部に限定した個人番号制度が具体化しました。

住基ネットでは、住民基本台帳の住民票コード自体は基本的に表に出ないため悪用される危険性が少ない制度でしたが、住民基本台帳カード（以下、住基カード）を発行した場合、そのカードが偽造可能のため、成りすまし被害が発生しました。それもあって、住基カードの普及は、対象者のわずか5％にとどまりました。

　今回実施される個人番号制度は、基本的に住基ネットをもとにしていますが、その発端は、2009年12月22日の「平成22年度税制改正大綱」です。その中で社会保障制度の効率化と所得税の公正性を担保するために「社会保障・税共通の番号制度の導入を進めます」との方針が盛り込まれ、新たな制度の具体化が進められました。

2── 利用拡大に慎重姿勢だった政府

　検討の結果、政府は、新たな個人番号制度を行政の効率化や行政手続の簡略化を主な目的として、利用範囲を社会保障制度、税制、災害対策の分野に限定する制度として、2012年2月に番号法案を国会に提出しました。

　法案は、解散総選挙により一端廃案となりましたが、政府が2013年の通常国会に再び提出して、同年5月24日に個人番号法が成立しました。

　衆参の内閣委員会の附帯決議では、国会議論を反映して、「（利用範囲の検討については）そのメリット等について国民に分かりやすく積極的に情報提供を行うこと」が盛り込まれるなど、利用範囲の拡大には慎重な姿勢が示されていました。

　財界も官民利用への拡大には慎重で、2012年3月21日に経済同友会が提言した「次世代へ誇れる番号制度システムの実現を」の中で、「個人番号については、利用範囲の拡大とともにプライバシー侵害のリスクも上昇することから、官民での利用までに広げる際には、他国で発生した成りすまし被害等が起きないよう、セキュリティに十分配慮した制度設計・本人確認手段の確立が必要である。国民の監視機能の強化などと併せての実行も重要である」と指摘しているほどです。

　こうした慎重姿勢は、前述のとおり、先行して番号制度が導入されていたア

メリカや韓国などでは、最初は公的分野に限定して番号利用がはじまり、利用範囲を民間にも広げたため、情報流出や他人に成りすましてクレジットカードを作るなどの犯罪が多発していたことが背景にあります。

3── 利用拡大の契機はアベノミクス

　第2次安倍内閣発足（2012年12月）後、政府は、「企業が世界で一番活躍できる社会」をめざすための施策として日本再興戦略（以下、「新成長戦略」）をアベノミクスの第3の矢として強力に打ち出しました。それを契機に、政府のマイナンバー制度の検討の主体が、従前の「社会保障と税の一体改革」から「新成長戦略」のための課題へと位置付けが変わりました。

　安倍政権は、大企業の要求に基づいた新自由主義的改革を推進し、2013年6月14日に「骨太の方針」及び「新成長戦略」並びに「規制改革実行計画」を閣議決定しました。それと同時に、成長戦略の柱として「IT戦略」を位置付け、それを推進するために「世界最先端IT国家創造宣言」（以下「IT宣言」）を閣議決定しました。これ以降、政府は「新成長戦略」と「IT宣言」をセットで毎年改定してきました。

　安倍政権最初の「新成長戦略」では、個人番号制度について、社会保障・税分野での「利便性の高い電子行政サービスの提供」の手段として位置づけられ、同日に決定された「IT宣言」でも「社会保障・税番号制度の導入を見据え、業務改革を計画的に進め利用者が臨むワンストップサービスやモバイルを通じたカスタマイズ可能なサービスなど利便性の高いオンラインサービスを提供するとともに、効率的な行政運営を実現する」とあくまで利便性や効率化が強調されていました。

　この閣議決定と同時に、「IT戦略」を推進している高度情報通信ネットワーク社会推進戦略本部（2000年制定の高度情報通信ネットワーク社会形成基本法に基づいて設置。以下、「IT戦略本部」）に新戦略推進専門調査会（以下、専門調査会）が設置されました。2013年10月には、専門調査会に分科会が設置され、2014年2月にマイナンバー分科会が増設されて、そのもとで個人番号制度のあり方が議論されてから、利用範囲拡大へと舵を切ることとなりました。

4 ── 拡大へと舵を切った分科会報告

　マイナンバー分科会は、2014年5月20日に「中間とりまとめ」として検討結果を報告しました。その内容は、マイナンバー制度の普及には個人番号カードの普及が不可欠であることを繰り返し強調して、そのための具体策として、①各種カードの個人番号カードへの一体化（国＝健康保険証、国家資格等の証明書、国家公務員等の身分証明書、地方公共団体＝印鑑登録カード、民間＝キャッシュカード、クレジットカードなど）、②個人番号カード保有のメリット拡大（コンビニ等での住民票の写しの交付、本人確認手段や公的個人認証機能の拡大など）を打ち出しました。

　また、利用範囲の拡大についても、パスポート、戸籍事務、金融機関による顧客の名寄せ、医療・介護・健康情報の管理及び医療情報の蓄積・分析、自動車登録事務などを上げて、個人番号を幅広く利用する方向性を示しました。

　これを受けた政府は、2014年6月24日に改定・閣議決定した「新成長戦略」で「マイナンバー制度の積極的活用」を打ち出し、同時に改定した「IT宣言」では、「個人番号カードについては、そのICチップの空き領域や公的個人認証サービス等を活用し、健康保険証や国家公務員身分証明書など、公的サービスや国会資格等の資格の証明等に係るカード類の一体化／一元化」など積極的に推進する姿勢を鮮明にしました。

　さらに「IT宣言」の工程表では、個人番号カードの地方自治体の独自利用の推進や個人番号の利用範囲の拡大として、①戸籍事務、②旅券事務、③預貯金付番、④医療・介護・健康情報の管理・連携、⑤自動車検査登録事務等の検討を行い、個人番号法「改正」法案の提出も視野に入れることなどを盛り込みました。

　こうした経過から政府は、国民的議論を行わないまま、2016年1月の個人番号の利用開始前に、「改正」個人番号法案を2015年3月10日に国会に提出するに至りました。

　「改正」個人番号法は、2015年8月28日に成立しましたが、その内容は、社会保障・税・災害対策の分野に限定していた利用範囲を、①預貯金口座、②

医療分野（特定健康診断（メタボ）情報、予防接種履歴）、③地方自治体利用（公益住宅の管理など）にも拡大するというもので、いずれも社会保障や税との連携の必要性が乏しい分野です。

政府は、なぜ利用範囲の拡大を急いだのでしょうか、そのねらいをみておかなければなりません。

3 官民共通の個人番号制度導入のねらい

1――IT産業などへの利益誘導

政府は、2015年6月30日に改定・閣議決定した「新成長戦略」及び「IT宣言」で、戸籍事務と旅券事務での活用について「2019年通常国会をめどに必要な法政上の措置を講ずる」とし、「国家公務員身分証との一体化を進め、あわせて、地方公共団体、独立行政法人、国立大学法人等の職員証や民間企業の社員証としての利用の検討を促す」、キャッシュカードやクレジットカードとしての利用などについて「民間事業者と検討を進める」とさらに踏み込んでいます。さらに、在留届など在外邦人の情報管理業務に加え、証券分野等への拡大を検討するなど、政府はリスク対策を後目に拡大検討に前のめりです。

また、「改正」番号法が審議された参議院内閣委員会での附帯決議（8月27日）には、「個人番号カードの公的個人認証機能の利用時における本人認証方法について、生体認証の導入を含め、より安全かつ簡易な方法を検討すること」が盛り込まれています。

2015年5月8日のマイナンバー分科会では、「マイナンバー制度利活用推進ロードマップ」が内閣府から示され、個人番号カードについて、戸籍制度や旅券制度での利用、教員免許や運転免許証との一体化、健康保険証やお薬手帳として利用、さらには、指紋や虹彩などの生体情報の登録もロードマップに記されています。

このように政府の個人番号制度の検討は、当初目的の公平・公正な社会保障と税の制度の実現から、官民問わず様々な分野を共通個人番号で結び、個人のあらゆる情報を一括管理できる仕組みに変えようとしています。

そのねらいの1つは、「新成長戦略」によるIT産業への利益誘導にあることは明らかです。マイナンバー制度導入にかかる経費は、国と民間事業者の負担をあわせると1兆円にのぼると試算されています。それに加えて、マイナンバーの利用範囲の拡大は、関係する省庁や地方自治体のシステム開発が必要となりますし、毎年のメンテナンスも必要となることから、IT産業にとっては、個人番号カードの普及と利用範囲の拡大がまたとないビジネスチャンスとなっています。

2──真のねらいは戦争する国への準備

マイナンバーの利用範囲拡大のもう一つのねらいは、日本が戦争する国への準備のためであることも指摘されています。

安倍政権は、「企業が世界で一番活躍できる国づくり」と「戦争する国づくり」を戦前の「富国」「強兵」政策のごとく表裏一体の課題として推進してきました。具体的には、財界の要求に応じて労働法制の規制緩和などの成長戦略を推進するとともに、2013年12月9日の特定秘密保護法の強行採決、2014年7月1日の集団的自衛権行使容認の閣議決定、2015年9月19日の安全保障関連法案（戦争法案）の強行採決など、日本を戦争する国にするために、強引な政治手法で推進してきました。

前述のとおり、マイナンバーは、利用範囲を拡大すればするほど、リスクが拡大します。

それを承知の上で、官民共通の個人番号制の導入を推進するねらいは、リスク拡大よりも個人情報の収集・活用にあることは明らかです。個人情報を集積しても、当該個人にメリットがあるわけではありません。利用する側、すなわち権力者にとって必要であるからにほかなりません。そう考えると「戦争する国づくり」と軌を一にしていると考えざるをえません。真の目的は、戦争する国への準備を進めるために、日本に在住する国民・外国人すべてを監視下に置

くことにあるのではないでしょうか。

3 ── まず国家公務員を監視下に

　戦争する国への準備のためには、まず国家公務員を権力者の監視下に置き、意のままに動員することが必要と考えたのではないかと邪推せざるをえないのが、個人番号カードと国家公務員身分証との一体化です。

　個人番号カードは、ICチップを内蔵し、個人番号、氏名、住所、生年月日などが記載され、前述のように利用範囲を広げれば広げるほど、個人の情報が集積されます。そのため、個人番号法ではカードの取得が任意とされています。

　他方、国家公務員身分証（職員証）は、身分証として使用する職員はごく少数で、庁舎のセキュリティゲートを通過するためのものであり、他の機能はありません。権限行使に必要な証票は、身分証とは別に存在します。

　普段携帯しないほうが安全な個人番号カードを、普段から携帯しなければならない身分証と一体化すること自体が矛盾しています。しかし政府は、マイナンバー制度担当の甘利大臣の指示のもとで、「IT宣言」に基づいて個人番号カードを「国家公務員ICカード身分証」として使用する方針を示しています。

　そうなれば、出退勤する際には、個人番号カードを携帯せざるを得なくなり、紛失する危険性が高まります。しかも政府は、本来任意である個人番号カードを全職員に職務命令のもとで強制的に取得させ、身分証と一体化しようとしており、国家公務員の権利を侵害しています。また、全職員の個人番号カードをまとめて地方自治体から取得することを検討している府省もあるなど、政府の対応は尋常ではありません。

4 ── 特定秘密保護法の適性評価に利用する危険性

　特定秘密保護法による適性評価が2015年12月1日から完全実施されます。これまでは経過措置として、特定秘密の取扱いについて、適性評価ではなく従前の秘密取扱者適格性確認制度（2009年4月実施）による特別管理秘密を取り扱う職員でも可能とされていましたが、12月からは適性評価により認めら

れた職員が特定秘密を扱うこととなります。

　適性評価は、特定秘密の取扱い業務を行うことが見込まれる「行政機関の職員」「契約業者の従業員」「警察職員」に広範囲に適用されます。しかも評価と称してはいますが、①特定有害活動、テロ活動との関係、②犯罪や懲戒の経歴、③薬物の使用、④精神疾患の病歴、⑤飲酒の節度、⑥クレジットカードの使用や借金などの経済的状況までもが調べられ、本人だけではなく、家族・同居人の氏名、国籍、生年月日など、思想信条に関する活動やプライバシーまでもが調査の対象となります。また、対象者と対象者の知人等の関係者への質問、対象者からの資料の提出を求める権限を行政機関の長に与えています。

　適性評価は「対象者に告知した上で、同意を得て実施する」(特定秘密保護法12条)とされていますが、同意しなかった場合の不利益(恣意的な人事評価、昇任差別、思想信条の差別など)を防止することが困難であり、結果として対象者の人権が侵害される危険性が高い制度です。

　適性評価の対象者数は明らかにされていませんが、政府は、従前の行政機関の特別管理秘密を扱う職員66,000人、防衛秘密を扱ってきた民間人3,300人、警察の警備部門の職員29,000人の計10万人を適性評価の対象として想定していることが明らかになっています。特定秘密保護法の運用基準では、「他の行政機関の職員や他の行政機関が契約する民間業者の適性評価の調査を代行してはならない」としていますが、このような大規模な身辺調査をどのように実施するのかが、明らかにされていません。

　そうなると、政府が個人番号制度を利用することが容易に想定できます。しかも情報を保有しているのは政府であり、それを完全に監視する仕組みがないことからその危険性は高いと言わなければなりません。

　前述のとおり政府は、個人番号カードをデビットカード、クレジットカード、キャッシュカード、ポイントカード、診察券、職員証、運転免許証、健康保険証、医療記録、図書館カード、生体認証など、当初の目的を逸脱して利用範囲の拡大を検討しています。

　これらを利用すれば、病歴は明らかとなり、購入履歴や図書館の利用などで思想・信条調査が可能となります。

5──「国民全体の奉仕者」から「戦争の奉仕者」に

　国家公務員は、2009年10月から人事評価制度がすべての常勤職員対象に実施され、短期の評価が直接給与等に反映することから、「上司の目を気にするようになった」「評価にならない仕事は後回しになる」など、職員の意識の変化が現場から指摘されています。

　また、2014年の「改正」国家公務員法では、幹部人事の一元管理が導入され、内閣官房長官による適格性審査が幹部登用の要件となり、適材・適所の人事配置ではなく、時の政権による恣意的な人事配置が可能となっています。

　第2次世界大戦後の公務員は、日本国憲法15条2項で「すべての公務員は、全体の奉仕者であって、一部の奉仕者ではない」と規定され、大日本帝国憲法下の「天皇の官吏」から「全体の奉仕者」へとその位置付けが抜本的に転換されました。

　しかし近年、大企業・財界が政治への影響力を強めている状況のもとで、その意向を反映しやすい制度へと変わりつつあります。それは、国の機関の縮小や規制緩和などで国の機能と権限を低下させたり、恣意的な「評価」とそれによる処遇、人事や予算配分などで使用者の権限を強化したり、様々な手法で少しずつ公務の職場に浸透してきています。そのため職員は、「全体の奉仕者」としての使命を自覚しつつも、国家公務員法96条の「職務専念義務」や98条の「上司の命令に従う義務」などに縛られ、結果として政府・財界の意向に従わざるをえない現実があります。

　そのうえ、マイナンバー制度を利用した適性評価によって必要以上に職員を監視・管理下に置くことは、国家公務員の選別が行われ、政権に忠実な職員をつくり、公正・中立な公務の運営が損なわれる危険性が極めて高いと言わざるをえません。それはすなわち、安倍政権の「戦争する国づくり」に協力させられることを意味します。

4 監視社会にさせてはならない

1──監視社会はすぐそこまで近づいている

　アメリカの人気ドラマCSI（科学捜査班）が日本のBS放送などで人気を博しています。内容は、殺人などの重大犯罪捜査にあたって、生体認証やクレジットカード記録、GPSなどを駆使して犯人を特定するという、スピード感のある番組ですが、技術に頼るあまりに冤罪が生じないのか、犯罪捜査以外に使用した場合は、どのような社会になってしまうのか、つい気になってしまいます。これはドラマですが、現在の科学技術の水準からすれば、官民共通の個人番号制度を利用することによって、権力者がその気になれば、すべての国民を監視する社会ができることを示唆しています。

　前述のとおり、政府は、特定個人情報を管理することとなり、病歴から思想・信条までもが把握可能となります。さらに車両情報を活用すれば、日常行動も把握できます。実際、1999年に新潟県警が、非番の警察官の動向を自動車ナンバー読み取り装置（Nシステム）で追跡・監視していたことが明らかとなり、大きな問題になりました。

　また、指紋・虹彩（瞳の色）・顔認識などの生体認証を活用すれば、行動把握や個人の特定方法がさらに広がります。特に顔認証システムでは、いたるところに設置されている監視カメラによって、世界中どこにいても個人が特定されてしまいます。その上、スイカやパスモなどの交通系カード（非接触型ICカード）やスマートフォンのGPS機能などとも連動すれば、もはやこれは立派な監視社会といえます。

　また、公安警察には、巡回連絡カードなどで得た個人や世帯の情報が蓄積されているといわれています。斎藤貴男氏の著書『プライバシー・クライシス』（文春新書、1999年）で警視庁公安部OBの「現在では大手と呼ばれる企業の

ほとんどに元警官が天下っています。彼らは、…〈中略〉…（総会屋対策など）裏の仕事に携わるだけでなく、社員を採用する際にも活躍する。入社志望者やその親の身元、使用信条に関する情報を警察から入手するのです。共産党員はもちろん、巡回カードへの記入を拒否したりして地元の警察に反体制的とみなされている人や、その子息の就職は難しくなるわけです」との証言が明らかになっています。

巡回連絡カードは、現在も存在しており、今年1月に群馬県警の男の巡査が巡回連絡カードを悪用して、小学4年の女子児童を誘拐しようとしたとして逮捕される事件が発生しました。報道では、連絡カードの必要性に疑問をなげかける指摘もありました。

ほかにも監視の仕組みが用意されています。犯罪捜査のための通信傍受に関する法律（盗聴法、1999制定）が運用され、さらに通信傍受の対象拡大を盛り込んだ刑事訴訟法「改正」法案が継続審議となっています。また、話し合っただけで刑事罰の対象となる共謀罪も検討されています。

2── 監視社会への道を引き返すなら「いま」

西暦2075年の日本。すべての国民がIDを持ち、強大な公安などの官僚機構とコンピュータシステムに管理され、国民能力別総分類制度（国家主義カースト制度）によって、国民が階級に区分されている。健康診断を理由に体内に個人情報のチップを埋め込まれる。そこは身分制度が復活し、人権が抑圧される社会である。…これは、篠田節子さんの著書『斎藤家の核弾頭』（新潮文庫、2001年）という小説の社会ですが、監視社会と人権保障が相容れないこと、格差が広がること、一度そういう社会になると後戻りは難しくなることなどをするどく表現しています。

いま政府は、マイナンバー制度の利用拡大に前のめりになっていますが、個人番号の必要性や諸外国の例などを詳細に分析し、想定されるリスクや人権との関係など、国民的な議論の上に慎重に検討すべきです。少なくとも疑問が解消されない場合は、現在進めている個人番号制度の導入を中止・廃止すべきです。

特に個人番号制度が憲法で保障された基本的人権を侵害する可能性については、十分な議論と検討が必要です。

　2008年に住民基本台帳ネットワークシステムによる住民の本人確認情報を収集・管理または利用する行為が憲法13条のプライバシー権の侵害などの憲法違反を争う裁判で、最高裁判所は、合憲であるとの判決を下しました（2008年3月6日、最高裁判所第一小法廷。事件番号平成19（オ）403）。しかし、その前提として「個人情報を保有する行政機関の職員等が、正当な理由なくこれを他の行政機関等に提供してデータマッチングを可能にするような行為も刑罰をもって禁止されていること、現行法上、本人確認情報の提供が認められている行政事務において取り扱われる個人情報を一元的に管理することができる機関又は主体は存在しないこと」などを理由としています。

　この判決からすれば、国家が国民監視を目的として、特定個人情報を一元的に管理する場合、憲法違反である可能性が指摘できます。しかし安倍政権は、憲法学者など多方面から憲法違反と指摘されていた安全保障関連法案（戦争法案）の成立を強行したように、憲法の立憲主義を軽視する傾向にあることから、判例を無視して国民監視社会づくりに邁進する危険性があり、安心してはいられません。

　今回本稿を執筆するにあたって、マイナンバー制度を多方面から考察する機会を得ましたが、社会保障や税の制度、住民登録制度などは、それぞれ独立しても十分機能しており、個人番号によって連携する必要性はほとんどないことを確信しました。むしろIT犯罪が多発し、人権がないがしろにされるなど、デメリットがいかに多いかがわかり、あらためて個人番号制度は、導入すべきではないことを痛感しました。監視社会への道を戻るなら「いま」です。

　特に国家公務員労働者は、憲法99条で憲法尊重擁護の義務をになっていますから、国民監視や人権抑制など憲法を踏みにじる制度の導入を認めることはできません。個人番号制度を中止・廃止することはもちろん、「戦争する国づくり」に反対し、真に労働者・国民のための民主的な行財政・司法の確立を求めていかなければなりません。

（鎌田　一）

第1章

マイナンバーが使われる現場はどうなっている

1

マイナンバー制度、問われる自治体の役割
―― 住民の権利と暮らしを守るのが自治体の本来の使命

1 ── 番号通知の開始、混乱劇の開始

　共同通信の調査によるとマイナンバーの実施について、セキュリティや専門的職員不在で自治体の6割が不安と回答[1]するなかで、2015年10月に住民全員に12桁の番号通知が開始されました。

　全国の自治体の住民登録情報が地方公共団体情報システム機構（J-LIS）[2]に集約され、それに基づいて全国5400万世帯に世帯単位の簡易書留で郵送されました。国民1億3000万人が住民票どおり居住しているとは言えません。住民票はそのままで福祉施設に入っている人や、DV被害や自然災害などで避難している人も多くいます。加えて簡易書留なので、留守などの場合は受け取れず多数が自治体に返送されます。文京区では25％、船橋市で20％、大阪市で15％、高知市で10％が「不達」になると見込まれています[3]。

　番号通知の配達も大幅に遅れ、兵庫県内の郵便局には11月以降、順次カードが届き、局到着後も最初の配達完了に10日程度要し、再配達や窓口受け渡しも含めた配達完了は12月にずれ込む見通し。神戸市の担当者は「カード製造が1月の交付開始に間に合わないのは困る」と2015年10月14日『神戸新聞』は報じています。

　そうした事態は十分に予想されたのに、自治体の番号通知担当職員は極めて少数しか配置されず、混乱劇の開幕となってしまいました。

2 ── 利便性を強調する政府、出生届けを出すと個人番号が発生する

　政府は、マイナンバーの利便性について「年金における基礎年金番号、医療保険における被保険者記号番号などのように、個人の情報を特定する番号が制

度、組織ごとに多数存在しているが、これが統一され各種手続きで窓口に提出する書類が大幅に減る。本来受けることができる給付が受けられなかったり、反対に不正に給付を受けることなどが是正され、利便で公正さが確保できる」と説明しています。

そのために、「番号通知だけでなくICチップを入れた番号カードを普及すればするほど、利用範囲を拡大すればするほど、利便性と公正さが向上する。住民サービス向上ができるかどうかはカード普及率による」というのです。しかし、そのことによる、情報流出の拡大や国家権力による監視・管理機能が飛躍的に強化される政府のねらいが貫徹されることは隠し通しています。

番号カードはプラスチック制で、顔写真が入るとともに、ICチップが組み込まれます。そこには、自治体が条例で決めれば、様々なアプリをいれることが可能となっています。子どもが生まれ、出生届けを出して住民票に住民コードが記載されると同時に、氏名とは別に個人番号が付番されます。本人の意思にはかかわらず、生涯個人番号で管理されるのです。拒否は許されず、保護者が番号カードを申請すれば、赤ちゃんまでICチップ利用による国家権力による管理体制に組み込まれるのです。

3──カード普及、何がなんでもICチップを普及させる
全国のコンビニ端末で使えると

番号通知の簡易書留には番号カードの申請書が同封され、マイナちゃんというキャラクターを利用したICチップ入りカードへの切り替えの大宣伝が行われ、自治体でもカード普及のために様々な取組みが行われています。

長崎市では国民年金の説明のための出前講座の際に、参加予定者に番号通知、個人番号カード交付申請書、本人確認できる書類を持参してもらい、その場で個人番号カードの一括申請の場にしたいと担当者が検討しています[4]。

神戸市では、自治会、婦人会などでの説明会、市内企業・業界団体に従業員

---

1)『東京新聞』2015年9月13日 朝刊。
2) 地方公共団体情報システム機構、Japan Agency for Local Authority Information Systems (J-LIS)、平成26年4月1日設立、理事長西尾勝。
3)『しんぶん赤旗』2015年10月6日。
4)「長崎市における番号制度への対応について」『月刊J-LIS』平成27年7月号。

へのカード申請勧奨を要請。税理士会・社労士会等に、顧客へのカード申請勧奨を要請するとともに、カード利用範囲の拡大検討などのプロモーションを検討しています[5]。

コンビニで番号カードを利用した住民票交付というシステムが導入されたのも、カード普及作戦の一環といえます。全国のコンビニで交付できるというので、8,000万円程度の多額のシステム費用が自治体に求められます。しかも、自治体の窓口での住民票交付手数料より大幅に減額された手数料が設定される例が多発しました。兵庫県川西市議会では、「自治体窓口の手数料も引き下げては」と議員が議会常任委員会で質問すると、カード普及のために価格差をつけていると当局は回答しています。

4 ── カード交付
本人の申請主義が冒されかねない事態も

2016年1月からは番号カードの交付が全国の自治体で開始されますが、その際に成りすましなどを防止するために運転免許証など、顔写真で本人確認が行われますが、赤ちゃんからお年寄りまで、全住民の本人確認を完全に行うのは自治体にとって大変な負担です。

政府は2020年までに国民の8割にカードを普及するとして、企業や学校単位、地域の町内会や自治会での一括申請を推奨しています。全従業員のカード普及をすすめるため、自治体職員が企業に出向いて手続きを行うというのですが、これでは企業経営者による従業員への事実上のカード交付の強制になり、本人申請主義が形骸化してしまいます。町内会単位で一括申請になれば、地域のなかで番号カードを持っている人と持たない人が分かってしまい、よほど意思のハッキリしている人しか、カードを持たないという選択ができなくなります。

カード普及のために、政府は国家公務員の身分証として番号カードを使う方向ですが、自治体職員にも同様の措置を政府が求めてくる可能性があります。期限を決めて勤務している非常勤職員にまでカードをもつことを、事実上の採

---

5)「番号制度導入に向けた自治体の取り組み、file No.06 神戸市」『月刊 J-LIS』平成26年12月号。

用条件にされかねません。

　住民票に基づく一方的な付番と通知にも問題がありますが、ICチップによる管理監視機能が格段に強化される番号カードを強要することは許されません。地域によれば最大の事業所になる自治体で、職員と家族の番号を人事担当が番号情報を収集し、厳重に保管できるのかも問われています。

5 ── あらゆる事務に個人番号
ヒューマンエラーは厳罰で、技術面は安全神話でいいのか

　国民総背番号制に反対する国民の闘いで阻止してきた番号制度がいとも簡単に開始されることになりましたが、国家権力による管理への反発を考慮して番号利用の範囲は、税、社会保障、災害に限定するとしていました。

　しかし、自治体では番号法9条1項に基づく事務として、別表1が示され、保育、国保、生活保護、介護などまであらゆる分野で利用できることになり、自治体では同法9条2項にもとづいて、条例でさらに独自事務まで利用範囲を広げる事例が増えています。

　神戸市では、地方の創意による独自利用領域の拡大が重要であるとして、諸証明のコンビニ交付はもちろん、庁内で若手職員によるプロジェクトを編成し、マイナンバー及びカードを利用した市民サービスの向上を検討していることをJ-LISの発行する雑誌『月刊J-LIS』で紹介しています。

　政府はICチップの空き領域を使って自治体での利用範囲の拡大を図っていて、印鑑登録証、図書館利用、地域の買い物ポイントなどにも使えるようにし、民間利用の段階にすすめば、インターネットバンキング、ネットショッピングでの本人確認手段に使えるようにも想定されるとしています。

　そのため、自治体の窓口ではほとんどの事務で個人番号を利用することができることになりましたが、それに対応する安全管理措置がとれているとは限りません。

　内閣府が定めた特定個人情報の適正な取扱いに関するガイドライン（行政機関等・地方公共団体等編、平成26年12月18日）では、①組織的安全管理措置（特定個人情報等の保護方針の策定、取り扱い規定の策定）、②人的安全管理措置（事務取扱担当者の明確化、研修）、③物理的安全管理措置（区域管理、

機器及び電子媒体盗難防止)、④技術的安全管理措置（アクセス制御）などの４つの安全管理措置が示されましたが、全国の自治体でそれらが完全に行われているのか検証する必要があります。

　個人番号を扱うことになる職員は、本庁からあらゆる出先職場まで極めて広範にわたりますが、それにふさわしい安全管理措置がとられていない場合は、万が一の事故があった場合はその職員の個人責任に転嫁されかねず、しかも厳罰規定なので個人番号は扱いたくないという声が多く出されています。

　茨城県取手市は2015年10月13日、自動交付機で発行した69世帯100人分の住民票に、共通番号（マイナンバー）制度の個人番号を誤って記載していたと発表しました。

　住民票発行の際に、窓口で希望すると個人番号が記載された住民票が交付されます。取手市では自動交付機では記載希望の確認が困難なため、記載しないようにしたのですが、市の委託業者が住民基本台帳システムと自動交付機の切り替えを行った際、誤って番号を記載する設定にしてしまったと市は説明しています。こうした、ヒューマンエラーは起こりうると考えておかなければなりません。

　個人情報を行政機関相互、将来的には民間でも利用できるように、総務大臣の管理のもとで巨大な情報提供ネットワークシステムが構築されます。情報のやりとりに直接個人番号は使わず、符号を介在させることによって芋づる式に情報漏えいが起きることを防ぐとは言っていますが、危険性は完全には防げないでしょう。高度にIT技術が発展している中だからこそ、技術的な情報漏えいの危機も避けられません。無理な安全神話のもとで全国民の番号制度を開始した前提が誤っているのです。

　ガイドラインによれば、情報流出があった場合は年金情報流出事故で１カ月も公表されなかったことを再現しないために、ただちに事態の全容を公表し流出した番号保持者全員に連絡することが決められていますが、そうした危機管理体制が準備されているのか問われています。厳罰主義で警察権力が捜査に入ることになれば、真相究明も再発防止もかえって困難になる可能性があります。市町村では、まず県庁や政令都市などで試行して、問題点を洗い出してから全国実施してほしかったとの担当者の声も聞きます。

6 ── 徴収強化、給付抑制
不正受給対策は名目で、庶民狙い撃ちの給付抑制

　生活保護の手続きで個人番号を使うことで不正受給が防止できるという声も聞かれます。そういう点もあるかも知れませんが、自治体の窓口やあらゆる住民の暮らしのなかで番号カードを利用することで、所得や預貯金を含む資産情報が把握され、医療や保育、教育などあらゆる給付情報を把握することによる、個別的または政策的な給付抑制がすすむことの国民的被害の方がはるかに上回るものです。

　政府は、「給与支払報告書、公的年金等支払報告書、報酬支払調書、扶養等の認定のための調査を、市町村の住民情報の個人番号をキーとして名寄せ、突合でき所得情報が的確かつ効率的に把握でき、福祉分野への所得情報が提供できるので公正さが向上する」というのです。しかし、ここには消費税増税の一方で、大企業減税がすすみ応能原則が後退していることや、年金だけでは生活できない社会保障の遅れや、負担能力をこえた国民健康保険など、住民の暮らしの実態が抜けています。高齢者の生活保護受給者が急増しているなど、生活が苦しい庶民をねらいうちにして、徴税強化や福祉給付を抑制していくことが個人番号制度導入の目的であるなら、憲法25条違反というべきです。

　政府は、個人番号を利用して病院などがもつ医療情報を連携させて、医療費抑制政策をすすめようとしていますが、そのシステムづくりの中心にいた厚生労働省情報政策担当の官僚がシステム会社との間で贈収賄事件を起こし、2015年10月13日に逮捕されるなど驚くべき利権関係も明るみにでています。

（1）地域医療崩壊が共通番号の高度利用で進行する

　税と社会保障の一体改革という動きの中で共通番号制度が出てきたことを考えると、この制度の主なねらいは、徴税強化と社会保障抑制にあると言えます。安倍政権が2015年6月に出した経済財政運営と改革の基本方針（骨太方針2015）は、「現役被用者の報酬水準に応じた保険料負担の公平を図る。このため、社会保障改革プログラム法に基づく検討事項である介護納付金の総報酬割やその他の課題について検討を行う。あわせて、医療保険、介護保険とも

に、マイナンバーを活用すること等により、金融資産等の保有状況を考慮に入れた負担を求める仕組みについて、実施上の課題を整理しつつ検討する」としています。

社会保障改革との関係は第4章2、介護分野での影響については第1章2で詳細が論じられていますが、自治体では国民健康保険の都道府県単位化や公立病院改革がこれから開始されることから、無関係とはいえません。

政府は2015年9月に番号法の一部改正を行って、予防接種や特定健康診査で個人番号を利用する利用範囲の拡大を行って、医療分野での利用の突破口を開いています。

骨太方針2015では、「マイナンバー制度のインフラ等を効率的に活用しつつ、医療保険のオンライン資格確認の導入、医療機関や介護事業者等の間の情報連携の促進による患者の負担軽減と利便性向上、医療等分野における研究開発の促進に取り組む」としています。

政府による医療制度改革は、①2016年、入院時食事代自己負担引き上げ、500床以上病院紹介状なし負担、患者申し出療養の創設、公立病院改革プラン作成、②2017年、地域医療連携法人、75歳以上保険料大幅引き上げ、③2018年、国保の都道府県単位化、医療費適正化計画見直し、都道府県単位の医療費支出目標という工程で進行していく予定とされています。

厚生労働省は、2017年以降できるだけ早い時期に個人番号カードに健康保険証の機能をもたせるとしています。全国規模でレセプト・特定健診データを蓄積、受療行動の傾向を把握し、医療費適正化計画の策定等に利用することになるでしょう。

医療費抑制が組織的にしかも数値による管理手法で徹底化されますが、その中にマイナンバーのICチップ機能利用を組み込もうとしているようです。自治体では、個人番号カードを図書カードとともに、国民健康保険証、公立病院の受診券としての利用が検討されていますし、厚労省は電子版お薬手帳のさらなる機能性の向上を検討するとしています。政府は、医療分野はマイナンバーとは別の共通番号制度にするとしていますが、やがて連携していく危険性があります。

自治体の公立病院は医師不足から始まった地域医療崩壊のなかで、2009年

から公立病院改革がすすめられ、2006年に973病院あったのが、2014年には892病院にまで減少してしまいました。さらに、医療費抑制政策と連動してすすめられる2015年からの公立病院改革では、①経営効率化、②再編ネットワーク化、③経営形態見直しに加え、④地域医療構想をふまえた役割の明確化が目標に加えられました。

そのために、地域で必要な看護師配置基準などを無視した病床割合の改悪が迫られようとしています。マイナンバーの医療分野での利用がすすめばすすむほど、公的医療費抑制政策に高度に組み込まれ、地域と住民の実態に合わない社会保障抑制がすすむ仕組みとなっています。

（２）保育所や幼稚園から学校でも番号による子どもの管理
―― ホームヘルパーは訪問先でどう対応するのか

自治体では母子手帳の発行からはじまり、予防接種、保育所、幼稚園の利用や保育料徴収などに個人番号を使うことができることになり、議会で条例化すれば、子ども医療費助成、高校受験や奨学金にまで個人番号の利用が可能になります。

保育所や幼稚園では、職員の税務や社会保険事務で個人番号を管理することだけでも負担になっていますが、もし保護者や子どもの番号まで扱うことになると管理上の負担も大変ですし、抵抗感をもつ保護者にどう対応すればよいのか、最前線の自治体職員は心配しています。

学校では事務職員は１人程度の配置が大半で、多くの事務をこなさなければならず、これに加えて就学援助や奨学金など子どもや生徒の個人番号の収集、保管までする ことになると負担が大変ですし、自治体によれば事務職員を派遣職員にしているところもあります。「特定個人情報の適正な取扱いに関するガイドライン」では、職員以外の者が情報提供ネットワークシステムに接続された端末を操作して情報照会等を行うことを禁止していることからみても、派遣職員が個人番号を扱う事務を行うことには問題があると言わなければなりません。

また、認知症状も含む要介護者を自宅に訪問して介護しているホームヘルパーからは、利用者の個人番号カードや番号通知書の紛失などがあった場合、

責任転嫁の不安を訴える声も出されています。個人番号通知は、住民票登録に基づいて機械的に発送していますから、様々な問題が通知先で発生している可能性があるのですが、こうした問題の解決策もないままに2016年1月から番号利用が始まっているのです。

7── 個人情報保護条例の一部改正

　2015年6月から9月の地方議会で個人情報保護条例の改正が行われました。プロローグと第3章でも個人情報保護について記述されていますので参照してください。

　自治体では様々な事務で個人番号が利用され、それが特定個人情報として蓄積、集積されていきます。この特定個人情報について、番号法19条各号以外については保有特定個人情報保護を提供できないという内容が、自治体の個人情報保護条例に組み込まれました。

　つまり、番号法第19条の各号に規定する情報については提供することができることになったのです。特に、番号法第19条の12号では、「その他政令で定める公益上の必要があるとき」とされていて、政令第155号第26条が公益上の必要は別表によるとして、少年法、破防法、国際捜査共助法など広範囲にわたるもので、捜査機関などが自治体に特定個人情報の提供を求めることができるようになったのです。しかもマイナポータルでは履歴確認できないもので、権力は一方的に監視できるが、その利用履歴は本人が確認できないのです。

　また、本人か代理人は特定個人情報について自治体に情報開示、訂正を求めることができるのですが、たとえば高齢者が巧妙な番号詐欺に遭ったとしても、その被害を立証して必要な救済を行い、記録訂正や番号の修正手続きを番号法第7条の2にもとづいて行うのは専門家の手によらなければ難しいものです。

内閣府のFAQで「番号法施行令第3条により、従前の個人番号に替わる個人番号の指定を請求しようとする者は、個人番号が漏えいして不正に用いられるおそれがあると認められる理由などを記載した請求書を住所地市町村長に提出しなければならず（同条第1項）、請求書の提出を受けた住所地市町村長は、

理由を疎明するに足りる資料の提出を求めることができます（同条第3項）。このため、必要に応じて、警察への届出書類などの証拠を疎明資料として求めることも想定されます」（2014年6月回答）としています。

　自治体は、こうした手続きが未経験な住民では困難であることを理解し、住民の権利保護の立場から特定個人情報にかかわる相談窓口と相談員の配置が必要になりますが、そうした対応はほとんどの自治体で不備といえます。

8── 自治体の姿勢が問われる

　マイナンバー制度そのものは国の仕事というべきものですが、番号通知など法定受託事務になっていて自治体としては断ることができない事務です。だからといって国の方針のままに番号通知し、自治体の様々な事務でも無批判に番号利用し、ICチップ入りの番号カードの普及拡大を積極的にすすめてよいものではありません。

　政府は、番号カードの普及を自治体を通じて行うために、番号法9条1項別表第1にもとづく事務だけではなく、同法9条2項により自治体での独自利用を条例化を通じて拡大しようとしています。政府は図書館カードとしての利用を例示していますが、兵庫県では高校生の奨学金支給事務に個人番号利用を使う条例が2015年9月の県議会で制定されました。18歳名簿を自衛隊に提供するなどの事例が広がるなかで、高校生の個人番号利用が経済的徴兵につながらないかとの心配の声が上がっています。自治体病院の受診券として使うことも可能になりますが、政府が予防接種や特定健診に個人番号を利用しようとしているなかで、自治体がさらに利用範囲の拡大を行うことには住民や医療関係者の理解は得られないでしょう。自治体病院では、予防接種を担当する看護師などが、特定個人情報を扱うことに困惑しています。

　マイナンバー制度の危険な本質を考えると、自治体は番号制度運用の危険な面から住民の権利を守り、必要な救済制度もしっかりつくる責任があります。子どもから高齢者にまで、全住民に番号通知をした段階から、適切に番号管理ができない住民がいることを前提とした準備が必要です。危険なものを、要介護者など自己責任では管理できない人も含め郵送通知したのですから、ただち

に相談窓口と相談員の配置、救済制度の構築で、自治体として住民の権利を守るという立場で、あらゆる可能性に備える必要があるのです。

窓口で個人番号を利用するに際しても、一方的に端末操作で行うのではなく、個人番号を利用して本人確認を行う前に、どのように番号を利用するのかを説明して、本人の了解の上で行うべきです。また、その利用履歴を本人が確認できるようにし、必要な訂正の権利も説明するなど、住民の権利を守る立場に立って、個人番号利用の「インフォームドコンセント（説明と同意の制度）」を確立するべきです。

内閣府のFAQでは窓口で申請者が個人番号の記載を拒否している場合、「申請書などに個人番号を記載することが各制度における法的な義務であることを説明し、記載していただくようにしてください。それでも記載を拒否された場合は、番号法第14条第2項に基づき地方公共団体情報システム機構から個人番号を含む機構保存本人確認情報の提供を受けることはできますが、あくまで、住民基本台帳法別表に規定する事務として住基端末を利用する必要があります。なお、申請書などに個人番号が記載されてない時点では、個人番号の提供を受ける場合に該当しないため、番号法第16条の本人確認措置の義務は生じないこととなります」（2014年7月更新）としています。

ガイドラインでは、個人番号を利用する事務に従事する職員を特定して、事務内容と管理体制も確立し、必要な研修もすることになっていますが、全国の自治体で十分に行われたのか疑問が残ります。一方で、番号法では地方公務員法の守秘義務違反をはるかに上回る厳罰規定になっています。何が起こるか分からない制度にしておき、準備も不十分なままで、何か事件や事故が起きた場合には担当職員に厳罰に処するというやり方では、真相究明や再発防止もできないことになります。

広報活動でも、共通番号制度の内容と危険性もきちんと説明し、管理の重要性も説明するべきですが、多くの自治体では便利で安全だとの偏った内容になっています。高齢者をねらった個人番号にかかわる詐欺被害も心配されています。相談窓口を設置し、消費生活相談員などの専門性の高い相談員を配置し、番号利用によるあらゆる被害の救済を自治体が責任をもって行う必要があります。

事業所には13桁の法人番号が付番され、従業員の12桁番号での納税や社会保険関係事務が行われますが、小さな事業所にとっては財政的にも負担が大きいものです。法人番号の所管は国税庁となっていますが、実際には税務署には相談しにくいものです。自治体に、中小企業向け相談窓口を設置するべきです。

　すでに制度は開始され、自治体での窓口利用も行われていますが、いつどこで事故があってもおかしくない状態です。国家権力による全国民の監視管理体制の強化に自治体がまきこまれているという異常な事態であり、多少の運用改善や修正程度では問題解決はできないものになっています。

　自治体の首長や議会から国にむけて、マイナンバー制度廃止の意見表明をしていくことが求められています。地域では、自治体労働組合や住民が一緒になってきめ細かな住民学習会を行い、戦争法廃止、集団的自衛権閣議決定撤回を求める運動と結合して、マイナンバーの制度廃止の声を広げ、全国的な運動にしていく必要があります。

（今西　清）

2　マイナンバーと介護保険
――資産補足と負担増大

　「マイナンバー制度」は、「社会保障・税番号制度」を呼ばれているように、社会保障改革を進める道具です。本稿では、介護保険制度を通して、マイナンバーが社会保障と自治体業務にどのような影響をもたらすかを検討します。

1――早くも大混乱　申請書等への個人番号記載をめぐって

（1）申請・届出には個人番号が必要に

　マイナンバー制度の施行を目前にした2015年9月29日、厚生労働省は、介護保険の各種手続きで2016年1月から個人番号の記載や確認を求めることを

決め、自治体に通知しました。介護保険法施行規則（厚生労働省令）を改正し、介護保険の資格取得の届出書や要介護認定申請書などに個人番号の記載を義務付け、申請書・届出書の様式に個人番号記載欄が設けられたのです。しかし、その具体的な取り扱いに関する「留意点」など詳細はその時点では示されませんでした。このため、一部の先走った自治体では「個人番号の記載のない申請書は窓口で受け取れない」「介護事業者が申請代行する場合は、本人の通知カードかコピーを持参すること」などの説明を行いました。

　介護保険の申請では、認知症や要介護状態の本人に代わって介護事業所・施設の職員やケアマネジャーらが代行している実態が多くあります。厚労省の通知に対して、事業者からは、「個人番号が分からない利用者の申請はどうするのか」「介護事業者が個人番号を集めていいのか」「万一、番号が漏れた場合は介護事業所が罰則を受けるのか」などの疑問が噴出しました。

　厚生労働省は、2015年9月29日の通知では「介護保険事務に係る個人番号の利用に関する留意点などをまとめた事務連絡については、10月中を目途に発出予定である。」と明記していました。ところが、12月中旬になってもその事務連絡は発出されず、自治体の介護保険担当課は、住民や介護保険事業所に対して指示が出せない事態に陥ったのです。多くの市町村では、住民向け広報紙には「平成28年1月から申請書にマイナンバーの記載が必要となります」と書きながら、具体的な取り扱いについては「国から指示がないのでまだわからない」を繰り返すだけという無責任な対応を直前まで続けました。厚労省はマイナンバー制度実施のわずか半月前の2015年12月15日に事務連絡を出すという対応の遅さでした。

（2）自治体における介護保険事務とマイナンバー

①介護保険はマイナンバー「利用事務」に

「行政手続における特定の個人を識別するための番号の利用等に関する法律」（以下「番号法」）では、「個人情報を効率的に検索し、及び管理するために必要な限度で個人番号を利用」（番号法第9条）できる事務に、介護保険の保険給付、地域支援事業の実施、保険料徴収に関する事務を位置付け、厚生労働省令では、介護保険にかかるほとんどの事務について対象としました。自治体に

個人番号が追加される介護保険の申請等事務一覧
（括弧内は、介護保険法施行規則の根拠条文）

・資格取得の届出等（第23条）
・住所地特例対象施設に入所又は入居中の者に関する届出（第25条）
・被保険者証の交付（第26条）
・被保険者証の再交付及び返還（第27条）
・負担割合証の交付等（第28条の2）
・氏名変更の届出（第29条）
・住所変更の届出（第30条）
・世帯変更の届出（第31条）
・資格喪失の届出（第32条）
・要介護認定の申請等（第35条）
・要介護更新認定の申請等（第40条）
・要介護状態区分の変更の認定の申請等（第42条）
・要支援認定の申請等（第49条）
・要支援更新認定の申請等（第54条）
・要支援状態区分の変更の認定の申請等（第55条の2）
・介護給付費等対象サービスの種類の指定の変更の申請（第59条）
・介護保険法施行令第22条の2項6項の規定の適用の申請（第83条の2の3）
・高額介護サービス費の支給の申請（第83条の4）
・高額医療合算サービス費の支給の申請（第83条の4の4）
・特定入所者の負担限度額に係る市町村の認定（第83条の6）
・特定入所者の負担限度額に関する特例（第83条の8）
・介護保険法施行令第29条の2の2第6項の規定の適用の申請（第97条の2の2）
・高額介護予防サービス費の支給の申請（第97条の2の3）
・医療保険者からの情報提供（第110条）

おける介護保険の事務は大半が「個人番号利用事務」となります。介護保険担当課は、利用事務実施者として番号法による規制を新たに受けることになります。介護保険関係の個人情報は、マイナンバー制度による個人番号を含んだ情報（特定個人情報）となってしまいます。

したがって申請書等受理の際の「本人確認措置」から始まり、特定個人情報の収集、保管、利用、提供、廃棄のすべてが、「安全管理措置」の対象となります。

番号法の規定と「特定個人情報の適正な取り扱いに関するガイドライン」（以下「ガイドライン」）では、特定個人情報の取り扱いについてさまざまな規制を設けています。

②申請書への個人番号記載は柔軟な扱いをすべき

厚生労働省令の規定により、形式的には 2016 年 1 月からは介護保険の各種申請書等には今番号の記載が必要になりました。申請書に個人番号が記載されれば、「特定個人情報」となり、番号法等では、厳格な「本人確認措置」が必須になり、①個人番号の正確性（個人番号記載の通知カード等との突合確認、②身元確認（免許証等で面前にいる人が本人であることの確認）が求められます。これだけでも、申請する住民も受け付ける市町村担当課職員は新たな手間が発生します。市町村ではその申請書の保管・提供・廃棄に至るすべての過程でガイドラインによる安全管理措置が求められ事務負担が続きます。

しかし、申請書に個人番号が記載されたところで、それによるメリットは後で述べるようにほとんどないのが介護保険事務の実態です。また、2016 年 1 月からマイナンバー制度は始まっていますが、情報連携できるネットワークシステムが稼働するのは 2017 年 7 月以降であり、それまでは、個人番号の利活用は一切ないのです。また、市町村では、住民基本台帳等で個人番号の確認が可能であり、申請書に記載が無くても何ら困ることはありません。

2015 年 12 月 15 日の厚生労働省事務連絡では、原則として個人番号の記載を求めるとしながら、「個人番号がわからず申請書等への個人番号の記載が難しい場合等には、市町村の住民基本台帳又は住民基本台帳ネットワーク等を用いて当該申請者の個人番号を検索し、職員が記載して差し支えない」としています。また、認知症等の人の場合は、「意思表示能力が著しく低下しており、代理権の授与が困難である場合等には、申請書に個人番号を記載せずに受け付

けること」と一定の「配慮」を示しています。

　こうした「配慮」も活用しながら、市町村レベルでは、さらに以下のような対応をさせると提言します。

①申請書等の受付の際には柔軟な対応を行い、番号記入、番号確認、本人確認を一律にしないようにする。

②受付後も申請書類のマイナンバー確認と記載事務も一律に行わず、記載していなくても通常の事務手続きを行うようにする。介護保険事務にとって当面マイナンバーのメリットがゼロで、無理に個人番号記載を求めても負担とトラブルしかならないことを考慮すべきです。また、個人番号の記載がなければ、申請受付の際の一連の確認措置も不要であり、受け付けた書類も「特定個人情報」ではないので通常の個人情報として管理ができます。

③情報連携が始まる2017年7月以降には、必要なもの（転入者・2号被保険者等でマイナンバー制度の情報連携の対象となる申請・届出）に限定して番号記載を求める扱いとすることも考えられます。これは市町村の介護保険事務の中で情報連携によるメリットがあるものだけマイナンバー制度を活用するという効率的対応です。

参考　厚生労働省12・15事務連絡（抜粋）

6．個人番号導入に伴う配慮について

（1）申請書受付時の配慮

　介護保険給付の申請書等に個人番号を記載することは、法令に基づく義務であるため、基本的には、申請等を行う者（以下「申請者等」という。）に申請書等への個人番号の記載を求めることとなるが、申請者等が高齢であることにも鑑み、申請受付時等の対応については、以下のとおりとすること。

○ 各種申請については、原則として個人番号の記載を求めることとなるが、その際、申請者が自身の個人番号がわからず申請書等への個人番号の記載が難しい場合等には、市町村の住民基本台帳又は住民基本台帳ネットワーク等を用いて当該申請者の個人番号を検索し、職員が記載して差し支えないこと。

○ 同一の給付の2回目以降の申請等の際には、保険者において初回の申請により当該申請者の個人番号を既に保有していると確認できる場合には、申請窓口において個人番号の記載を求めないこととしても差し支えないこと。

○ 高額介護サービス費の支給等について、申請書の記載内容の工夫などにより実質的な申請は初回時のみで足りるようにしている場合において、番号制度の施行以前に既に初回時の申請が行われている者については、改めて番号の記載された申請書の提出を求める必要はないこと。

○ 住民基本台帳法第22条から第24条、第25条、第30条の46又は第30条の47の規定による届出を介護保険法第12条第1項の規定による届出があったものとみなすときは、市町村の住民基本台帳又は住民基本台帳ネットワークを用いて当該申請者の個人番号を検索し、職員が記載して差し支えないこと。

（2）本人確認の措置における配慮

　個人番号を利用する事務において、本人から個人番号の提供を受けるときは、個人番号が正しいこと（番号確認）や、現に手続きを行っている者が当該個人番号の正しい持ち主であることの確認（身元確認）を行わなければならない。

① 本人による申請の場合

本人が自ら申請を行う場合、保険者等で申請書を受け付ける際等に、（ア）本人の番号、（イ）本人の身元の2つを確認する必要がある。それぞれの場面で必要となる書類は下記のとおりである。（別添1参照）

（ア）　番号確認

本人の個人番号カード、本人の通知カード、本人の個人番号が記載された住民票の写し等によって行われる。これらが困難な場合は、保険者等において、地方公共団体情報システム機構（住民基本台帳ネットワーク）への確認や、住民基本台帳の確認等によって番号確認をすることが可能である。

（イ）　身元確認

本人の身元確認は、

（ⅰ）個人番号カード
（ⅱ）運転免許証 等
（ⅲ）官公署から発行・発給された書類その他これに類する書類であって、写真の表示等の措置が施され、個人番号利用事務実施者が適当と認めるもの（(a)氏名、(b)生年月日又は住所が記載されているもの）などによって確認することとなる。これらによる確認が困難な場合には、公的医療保険の被保険者証、年金手帳など所定の書類を2つ以上提出させることにより確認する。（介護保険被保険者証と負担割合証等）

② 代理人による申請の場合

代理人が申請を行う場合、保険者等で申請書を受け付ける際等に、（ア）代理権、（イ）代理人の身元、（ウ）本人の番号の3つを確認する必要がある。それぞれの場面で必要となる書類は下記のとおりである。（別添1参照）

（ア） 代理権の確認

代理権の確認は、法定代理人の場合は、戸籍謄本その他その資格を証明する書類、任意代理人の場合は委任状によって行われるが、これらが困難な場合は、本人の介護保険被保険者証など官公署等から本人に対し一に限り発行・発給された書類その他の保険者が適当と認める書類で確認することとなる。

（イ） 代理人の身元確認

代理人の身元確認は、
（ⅰ）代理人の個人番号カード、運転免許証 等
（ⅱ）官公署から発行・発給された書類その他これに類する書類であって、写真の表示等の措置が施され、保険者が適当と認めるもの（(a)氏名、(b)生年月日又は住所が記載されているもの）（居宅介護支援専門員証等）などによって確認することとなる。これらによる確認が困難な場合には、公的医療保険の被保険者証、年金手帳など所定の書類を2つ以上提出させることにより確認する。

（ウ） 本人の番号確認

本人の番号確認は、原則として、本人の個人番号カード（又は写し）、本人の通知カード（又は写し）、本人の個人番号が記載された住民票の写し

等によって行われるが、これが困難な場合は、保険者等において、地方公共団体情報システム機構（住民基本台帳ネットワーク）への確認や、住民基本台帳の確認等によって確認することが可能である。
③ ①②以外の場合
ア　代理権の授与が困難な被保険者に係る申請を行う場合
本人が認知症等で意思表示能力が著しく低下しており、代理権の授与が困難である場合等には、申請書に個人番号を記載せずに受け付けること。

③ケアマネジャー・介護保険事業所に負担を押し付けるべきでない

　介護保険の申請等の当事者は、高齢者がほとんどで、要介護状態にある人や認知症の人も少なくありません。介護保険では、マイナンバーを自分で適切に管理することや申請書に書くことができない高齢者の援助をどうするかが最大の問題となってきました。

　マイナンバー制度では、個人番号を利用する行政機関（個人番号利用事務実施者）を民間がその収集事務を負担する（個人番号関係事務実施者）という仕組みをとっています。このため、介護保険の指定事業所や施設、ケアマネジャーなどにその役割を負わせようとする動きが一部にありました。また、事業所側も日常的に申請代行をしており、マイナンバー制度では事業所従業員の個人番号の収集を個人番号関係事務実施者として行っている事情もあって、顧客である利用者の個人番号まで収集する動きもありました。しかし、番号法では、同法に規定されるもの以外の特定個人情報（他人の個人番号を含むもの）の収集・保管を禁止しています（番号法第20条）。個人番号利用事務実施者（行政機関等）と個人番号関係事務実施者（民間企業等で番号法で規定されたもの）以外は、個人番号の収集も保管も一切できません。

　混乱の最大の責任は、介護保険事業所等が個人番号関係事務実施者にあたるかどうかを直前（2015年12月15日）まで明らかにしてこなかった厚生労働省にあります。

　厚生労働省は、12・15事務連絡では、本人の委任を超える範囲で個人番号を取り扱うことは認められないとし、介護保険事業所は、被保険者の個人番号関係事務実施者ではないことをようやく明確にしました。

厚生労働省 12・15 事務連絡（介護関係団体あて）（抜粋）

Q2 事業者において、従業員のマイナンバーを取り扱うのと利用者のマイナンバーを取り扱うのとでは、違いがあるのですか？

A2 違いがあります。従業員のマイナンバーを取り扱う場合（従業員やその扶養家族のマイナンバーを取得し、給与所得の源泉徴収票や社会保険の被保険者資格取得届などに記載して、行政機関などに提出する等）、事業者は番号法上の「個人番号関係事務実施者」にあたり、その業務の範囲等も法令上定められているものとなります。

一方、利用者の個人番号の取り扱いについては、介護保険法第 27 条第 1 項に基づく要介護認定申請の代行申請を行う場合等も、利用者やその家族との合意に基づいて行われるものとなります。

Q5 マイナンバー（個人番号）を使って、従業員や顧客の情報を管理することはできますか？

A5 マイナンバーは、法律や条例で定められた社会保障、税、災害対策の手続き以外で利用することはできません。これらの手続きに必要な場合を除き、民間事業者が従業員や顧客などにマイナンバーの提供を求めたり、マイナンバーを含む個人情報を収集し、保管したりすることもできません。

法律や条例で定められた手続き以外の事務でも、個人番号カードを身分証明書として顧客の本人確認を行うことができますが、その場合は、個人番号カードの裏面に記載されたマイナンバーを書き写したり、コピーを取ったりすることはできません

厚生労働省 12・15 事務連絡（都道府県・政令指定都市あて）抜粋

問3 居宅介護支援事業者の職員や施設職員などが申請代行を行う場合、これらの者が被保険者の個人番号を知り得ることになるが、個人番号の漏えいや悪用を防ぐためにどのような方策があるのか。

（答）

事業所が、本人の委任を受け、マイナンバーを記載事項に含む申請書の

> 代理申請を行うことは可能。この場合、代理人は代理権の範囲内（申請行為の授権のみ）で業務を行っているに過ぎないため、これを超える範囲で個人番号を取り扱うことは認められないことについて周知する（平成27年12月15日事務連絡）。
>
> たとえば、本人の委任の範囲を超えて、申請時に視認したマイナンバーを控えて事業所にストックしておくことや、それを利用して保険者に資格確認を行うことなどは許されず、違反をした場合、特定個人情報保護委員会の措置命令やそれに背いた場合の罰則の対象となる可能性もある。

これを踏まえて、介護事業所・施設、ケアマネジャーは、利用者（介護保険被保険者）の個人番号については、「収集も保管もできない」ことを前提に次のような対応を行うべきです。

① 申請代行の際は、無理に申請書の番号欄を埋めようとしないことです。空欄で出すことになっても仕方がない、と割り切ることです。
② 申請書に本人（家族）が記入できるのであれば、極力本人等に番号部分を書いてもらい、不必要に通知カードを扱わないようにすることが大切です。
③ 委任を受けて申請書に個人番号を書いて申請代行は可能ですが、番号の記録・常時保管はできないことをし、終わったら廃棄するようにします（個人番号記載の申請書のコピーはしない。必要な場合は個人番号欄をマスキングしてコピーする）。
④ とくにこんな場合は、申請書に記入することはやままましょう。
- 本人または家族が開示を拒む場合は、無理に説得する責任も必要も事業所にはありません。
- 本人が認知症で通知カードが行方不明の場合は、個人番号を書くこと自体ができません。
- 本人が認知症で後見人も身寄りもない場合は、委任の意思表示を受けられないので、勝手に個人番号を書くことはできません。

2──介護保険制度の枠組みと他の行政情報との連携
　　マイナンバーの必要性なし

（1）市町村が住民票基本台帳のデータを使い65歳以上の住民全員を管理

　介護保険制度は、2000年度に始まった保険制度で運営者（保険者）は市町村（特別区、広域連合等を含む）で、その市町村に居住する65歳以上の高齢者はすべて加入（第1号被保険者）し、市町村がその全員の被保険者資格を管理し介護保険料を決定して徴収しています。一方40〜64歳の人は医療保険を通じて介護保険に加入（第2号被保険者）していますが、市町村は要介護・要支援認定を受けた人のみを管理しています。

　実際の運営では、被保険者資格の取得や異動、喪失の管理は、ほとんどは住民票の管理と直結しています。住民基本台帳法による転入の届出があったときは、介護保険法上の被保険者資格の届出があったとみなされる（介護保険法第12条第5項）ことになっており、市町村の機構内部で住民基本台帳のデータの一部を介護保険のシステムに日常的に提供し、被保険者資格の管理を行っています。他の市町村の介護保険施設等に転出し住民票がなくなっても特例で前住所地の市町村の介護保険被保険者資格を継続する場合（住所地特例）や、事情により住民登録をしていない場合は、個別に資格管理を行っています。

（2）介護保険料は住民税データを利用して決定

　65歳以上の人の介護保険料（第1号介護保険料）は、市町村が本人及び世帯の住民税課税状況と収入・所得状況から保険料を決定することになっています。この場合も市町村の機構内部で税データ、世帯データを定期的に介護保険のシステムに提供し、賦課決定の事務処理を行っています。なお、他の市町村から転入した被保険者で、その市町村が所得等を把握していない場合は、転入前の市町村に「所得・税情報」を文書で照会し、その回答に基づきデータ入力し保険料決定を行っています。

（3）他機関との情報連携の仕組み

①保険料徴収──年金保険者との連携

　第1号介護保険料は、公的年金からの天引き（特別徴収）が約8割に上っています。このため、日本年金機構等の年金保険者との情報連携が必要となってきます。日本年金機構等は、毎年度定期的に年金天引きができる人（特別徴収対象者）を市町村に通知することが義務付けられています（介護保険法第134条）。市町村は、日本年金機構等に対し、特別徴収する保険料額等を通知（介護保険法第136条）し、これに基づき年6回の年金支給日に介護保険料の天引きが行われ、その保険料が市町村に納入（介護保険法第137条）される仕組みです。

②保険給付──国保連に審査・支払いを委託

　介護保険給付の対象となるために必要な要介護・要支援認定は、各市町村が行いますが、保険給付の大部分は、各都道府県の国民健康保険連合会（国保連）を通じて審査・支払いが行われます。そのため、要介護・要支援者の情報（受給者情報）は、定期的に市町村から国保連に提供され、介護保険の指定事業所は、提供した介護保険サービスにかかる費用（介護報酬）を国保連に請求します。これらについては、各市町村が附番した10桁の「介護保険被保険者番号」（介護保険被保険者証に印字）を使って行われます。

　なお、要介護・要支援の認定を受けた被保険者が、市町村を転出する場合は、「介護保険受給資格者証」の交付を受け、その認定情報を転入先の市町村に引き継ぐことになります。

（4）共通番号の必要性なし

　このように、介護保険制度は、市町村の機構内部での住民票、税のデータとの連携はシステム間で行い、外部の日本年金機構等及び国保連とは、専用回線を使って定期的な情報のやり取りを行っています。被保険者の転出・転入にともなう市町村間での情報の引き継ぎは文書で行っています。

　「マイナンバー」という共通番号が介在しなくても、介護保険は制度発足後15年にわたり市町村と他機関との情報連携はできており、共通番号を導入しなければならない必要性はほとんどありません。あえて言えば、現在文書で

行っている転出・転入の被保険者の市町村間の情報連携と、医療費自己負担と介護サービス費自己負担の１年間の合計額が一定額を超えた場合に支払われる「高額医療合算介護サービス費」に必要な医療保険者等との情報連携の場面くらいのものです。しかし、これについても、わざわざ膨大な経費と住民や関係者に負担をかける共通番号がなくても相互の連携方法を改善すれば、手続きを簡素化・効率化することは十分可能です。

（5）厚生労働省のマイナンバー利活用例でも微々たるメリット

　厚生労働省もマイナンバー利活用による介護保険制度運営上のメリットについてごくわずかな事例しか示しえていません。

　現在書面照会で行っている転入前市町村への税情報等を、マイナンバーを利用し、市町村担当者が情報提供ネットワークシステムの中間サーバーにアクセスすることによって入手することが可能となり、「照会・回答作業時間が縮減できる」といった程度のものです。すべての申請書等に個人番号を記載させ、収集・管理する膨大な手間と負担からすれば微々たる「縮減」でしかありません。

　しかも、現行の介護保険制度における最大の情報連携である市町村と年金機構との間の保険料特別徴収のための通知の仕組みについては、番号法別表第２に規定されながら、厚生労働省は、「当面、情報提供ネットワークシステムで照会する方式は見送ることとする」（厚生労働省政策統括官付情報政策参事官室資料）と明言しています。マイナンバーを利用しなくても年金機構と市町村との情報連携は十分にできていることの証左です。

介護保険分野におけるマイナンバーの利用・情報連携

主な手続きの例	マイナンバーの利用例 （番号利用法別表第１）	情報提供ネットワークシステムを利用した他の行政機関等との情報連携の例 （番号利用法別表第２）
資格取得届	届出書にマイナンバーの記載欄を追加し、申請を受ける際に、対象者のマイナンバーを取得し、管理	―
第２号被保険者の被保険者証の交付申請	届出書にマイナンバーの記載欄を追加し、申請を受ける際に、対象者のマイナンバーを取得し、管理	申請の際に、情報連携ネットワークシステムを利用して医療保険者から医療保険資格の状況を取得する。

保険料の賦課	（市町村において、マイナンバーを利用して対象者を管理）	保険料を賦課する際に、情報提供ネットワークシステムを利用して、地方税関係情報（転入前市町村から）等を取得する。住所地特例対象者の場合には、施設所在地市町村から地方税関係情報等を取得する。
住所移転後の要介護認定	要介護認定申請書にマイナンバーの記載欄を追加し、申請を受ける際に、対象者のマイナンバーを取得し、管理	認定の際に、情報提供ネットワークシステムを利用して、転入前市町村の要介護認定情報を取得する。
高額介護サービス費の支給申請	申請書にマイナンバーの記載欄を追加し、申請を受ける際に、対象者のマイナンバーを取得し、管理	（情報提供ネットワークシステムを利用して、地方税関係情報（転入前市町村から）等を取得する） ※保険料賦課に係る所得情報活用が基本

厚生労働省老健局介護保険計画課（月刊介護保険 2015 年 10 月 No.236）

（参考）厚生労働省政策統括官付情報政策参事官室資料

【介護保険システム①】

手続	条項	提出者	提出先	個人番号の記入	情報連携の内容（例）	省略できる添付書類（例）
第1号被保険者の資格取得届	法12①②	第1号被保険者又は世帯主	市町村	届出書に第1号被保険者の個人番号を記入	—	
第2号被保険者の被保険者証の交付申請	法12③	被保険者	市町村	申請書に当該被保険者の個人番号を記入	医療保険者から第2号被保険者の医療保険資格情報を取得	医療保険被保険者証
第1号被保険者の要介護認定の申請	法27①、32①	被保険者	市町村	申請書に被保険者の個人番号を記入	—	
第2号被保険者の要介護認定の申請	法27①、32①	被保険者	市町村	申請書に被保険者の個人番号を記入	医療保険者から第2号被保険者の医療保険資格情報を取得	医療保険被保険者証
住所変更後の要介護認定の申請	法36	被保険者	市町村	申請書に被保険者の個人番号を記入	転入前市町村から要介護認定情報を取得	介護保険受給資格証明書
居宅サービス計画作成依頼の届出	法46④、58④	被保険者	市町村	届出書に被保険者の個人番号を記入	—	
福祉用具購入費の支給申請	法44、56	被保険者	市町村	申請書に被保険者の個人番号を記入	—	
住宅改修費の支給申請	法45、57	被保険者	市町村	申請書に被保険者の個人番号を記入	—	

【介護保険システム②】

手続	条項	提出者	提出先	個人番号の記入	情報連携の内容（例）	省略できる添付書類（例）
特定入所者介護サービス費の支給申請	法51の3、61の3	被保険者	市町村	申請書に被保険者の個人番号を記入	※保険料賦課に係わる所得情報活用が基本	—
第1号被保険者の保険料賦課	法129	—	（市町村において賦課）	（市町村において個人番号を利用して対象者管理）	転入前市町村から被保険者又は世帯員の所得情報を取得	—

| 第1号保険料の特別徴収 | 法135 | — | (市町村において、年金保険者による特別徴収により徴収) | ※当面、情報提供ネットワークシステムで照会する方式は見送ることとする | — |

＊「情報連携の内容（例）」に記載の情報提供者については、番号法第19条第1項第7号の規定により、実際の情報提供者が異なる場合があります。
(注) 現時点での考え方を示したものである。また、すべての手続及び情報連携、添付書類等の内容を網羅したものではない。

3 ── 利用者負担増の手段、資産勘案の試金石
マイナンバー活用に込められた狙い

（1） 施設入所者の補足給付に資産要件等を追加

　現在進められている「社会保障改革」は、当面の消費税10％への増税までの「短期改革」を第一歩とし、75歳以上の後期高齢者が多数となる2025年を目標に「中長期改革」として続けられようとしています。介護保険では、2015年度から①要支援者の予防給付の見直し、②特別養護老人ホーム入所の軽度者除外、③一定以上所得者の2割負担、④低所得の施設入所者の居住費・食費補助に資産要件等を追加、の4つの改革が行われています。

　この中で注目されるのが、④の「資産要件等の追加」です。介護保険サービスそのものは保険給付により、利用者の負担は1割～2割ですが、自宅外で利用した場合の「部屋代」「食費」は全額自己負担となり、月10数万円の負担となります。住民税非課税世帯の人であれば、介護保険施設（特別養護老人ホーム、老人保健施設、介護療養型医療施設）の食費・居住費の一部が補足給付として支給されるため利用者負担は軽減され、最も低い所得段階の場合は個室利用でも月3万数千円程度まで軽減されています。

　制度改定では、非課税世帯要件に加えて、①配偶者（住民票の世帯分離を含む）も住民税非課税、②預貯金等が単身者1,000万円以下、夫婦2,000万円以下、との要件を2015年8月から導入しました。このため、申請にあたってはすべての預貯金通帳の写しの添付が必須となり、市町村は必要に応じ、「戸籍の確認」「金融機関への預貯金残高の照会」などの事務が発生することになったのです。これまで、市町村の介護保険システムに取り込んでいた世帯・税情報だけでは給付の決定ができなくなり、膨大な手間がかかるようになりました。

(2) マイナンバーを通じて負担増狙う　国民の資産からの収奪

　この「資産勘案」導入は、介護保険の補足給付が第一歩で、政府はマイナンバーの利活用の拡大とセットで医療など他の社会保障給付に広げようとしています。

　2015年6月30日に閣議決定された「経済財政運営の基本方針」(「骨太の方針2015」) では、「介護保険における高額介護サービス費制度や利用者負担の在り方等について、制度改正の施行状況も踏まえつつ、検討を行う」「あわせて、医療保険、介護保険ともに、マイナンバーを活用すること等により、金融資産等の保有状況を考慮に入れた負担を求める仕組みについて、実施上の課題を整理しつつ、検討する」と明記されました。

　さらに、「骨太の方針2015」のベースとなった2015年6月1日の財政制度等審議会の「建議」の資料では、「一定の所得以上の者については、2015 (H27) 年8月から利用者負担が1割から2割に引き上げられる　(あわせて現役並み所得の者に係る利用者負担限度額 (高額介護サービス費) も引き上げられる) が、医療保険制度と同様、2割負担の対象者の拡大、利用者負担限度額の在り方等の見直しが必要ではないか」「その際には、マイナンバーも活用しつつ、預貯金等の金融資産も勘案して負担能力を判断する仕組みに移行する必要」と書かれているのです。

　そして、2015年10月9日の財政制度等審議会・財政制度分科会資料では、介護保険の利用者負担について「医療制度との均衡を踏まえて、65～74歳について原則2割に見直し」とし、「28年末までのできる限り早い時期に結論を得て、その結果を踏まえ、遅くとも29年通常国会に所要の法案を提出」としました。医療保険についても「①介護保険における補足給付と同様の仕組みの適用拡大 (入院時生活療養費等)、②マイナンバーの活用 (負担の在り方全般)」とし、具体的な「工程」では、「〔補足給付と同様の仕組みの適用拡大〕速やかに関係審議会等において検討し、28年末までのできる限り早い時期に制度改革の具体的内容について結論を得て、速やかに実施」「〔マイナンバーの活用〕預金口座への付番開始後3年を目途とする見直しの検討に併せて、実施上の課題を整理し、具体化の方策を取りまとめ」と具体的な時期まで示すに至っています。

　図1-2-1で明らかなように政府 (財務省) は、マイナンバーの導入と預貯

図1-2-1

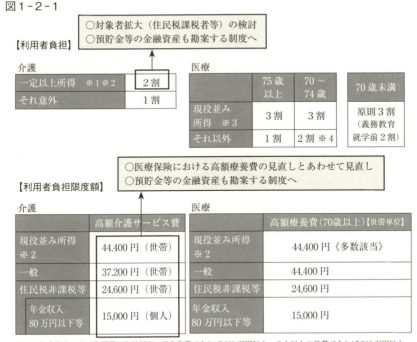

※1　年金収入＋その他所得の合計額が、単身世帯であれば280万円以上、2人以上の世帯であれば346万円以上
※2　2015（H27）年8月～
※3　収入の合計額が、単身世帯であれば383万円以上、2人以上の世帯であれば520万円以上
※4　26年3月末までに70歳に達している者は1割（26年4月以降70歳になる者から2割）

出所：2015年6月1日財政制度等審議会建議資料

金への付番を通じて、現行の収入・所得による利用者（患者）負担のランク分けに「資産」を追加し、低所得であっても一定の預貯金など資産を保有していればより高い負担を課すという仕組みを作り上げようとしているのです。さらに、これは個人単位でなく、介護保険の補足給付のように戸籍上の配偶者を含めた課税状況・資産保有を要件にできるのです。

預貯金額の「申告」も金融機関照会も一切不要で、共通番号を利用することにより「簡易・迅速」に負担増を国民に押し付けることができる。これが、マイナンバー制度の政府側にとってのメリットであり、このために膨大な経費や労力をつぎ込もうとしています。マイナンバーで懸念されている情報漏えいによる個人資産損失以前に国家による個人資産収奪が狙われているのです。

（日下部　雅喜）

3 公共職業安定所（ハローワーク）の現場では

　政府は、2015年10月1日からマイナンバーを通知し、2016年1月1日から行政で手続きを行う際に番号を通知することが必要と定めました。マイナンバーは周知のとおり、税・社会保障・災害対策に関する手続きで必要とされたため、ハローワークで行う雇用保険に関する手続きで取り扱われることになりました。

　具体的には、事業所が行う雇用保険に関する届出と失業者が給付の請求手続きとなります。もう少し詳細に説明したほうがいいと思いますが、その前に、雇用保険制度の概要を図1-3-1で見ておきましょう。要するに雇用保険制度は、「失業者の雇用と生活を安定させて就職の促進を図ることと、失業の予防や労働者の福祉の増進を目的として設けられている社会保険制度の一種で、国が管掌する強制保険」（厚生労働省の説明文より引用）となっています。

　そのため、労働者を雇用した場合、法人であるか否かを問わず、雇用保険に加入しなければなりません。事業主は、労働者を雇用したことや離職したことについて公共職業安定所に届出を行わなければなりません。一方、公共職業安定所では、雇用保険制度を運用するため、事業主や労働者に関する情報を管理することによって、失業者に対する給付金の支給などを行います。

　政府は、税・社会保障の一元管理を進めることとして、雇用保険制度とマイナンバー制度をつなげようとしています。

1 ── 事業主の手続き

　どういった場面でマイナンバーが必要とされるのかを見ていきます。
　労働者を雇用することにより、事業主が雇用保険の適用事業所となるために「設置届」を提出します。この手続きには、事業所の法人番号を届け出なければなりません。

図1-3-1　雇用保険制度の概要

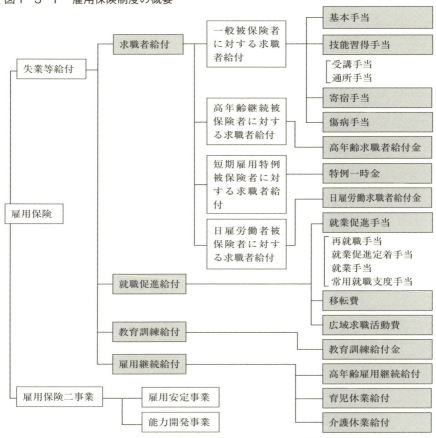

厚生労働省職業安定局作成資料より

　ここでひとつの問題が生じます。事業主は法人とは限りません。個人の場合は、法人番号の取得をするよう指導しなければなりません。法人であっても、新規設立の法人であれば、税務署に番号の指定を求めることが必要となります。事業主は、登記手続きを行った後、税務署で法人番号の指定を受けておくことが必要です。

　一般的に、事業主が雇用保険の手続きに際し、事前に必要書類の確認などを行うでしょうから、相談の場面で職員が番号の取得を助言することになります。これまでは、法人登記の確認、社会保険の手続きの確認を行っていましたが、

これに加えて法人番号の取得を確認することとなりますので、確認事項の増加が発生します。

　雇用保険の届出は、原則的に事業所ごとに行う必要がありますので、支店・営業所単位での設置届が必要となります。法人番号は、法人に対して一つだけですから、支店・営業所が違っても同じ番号を届けてもらうことになります。こうして届け出られた法人番号が正しいものかどうかを確認する作業が加わりますので、確認事項の増加が職員の負担を増やします。

　事業主は、労働者を雇用していますので、「雇用保険被保険者取得届」を提出しなければなりません。ここで、被保険者となる労働者の個人番号を届けなければなりませんので、届出までに個人番号を収集する必要があります。

　しかし、個人番号を事業所に届け出ることは義務となっているものの、収集できない場合も考えられます。このため、公共職業安定所では、個人番号の記載がなくても届出が受理できるようになっています。しかし、いずれかの段階で個人番号を届け出るようになってくるものと思われます。

　行政にとって大きな課題は、すでに加入している従業者の個人番号の把握です。離職などの手続きの際にマイナンバーを届け出ることとなりますが、働き続けているのであれば、雇用保険の手続きを変更するなどの必要性がありませんので、別途、事業者が収集している個人番号を届け出てもらい、入力を行っていく必要が生じます。厚生労働省が発表している「雇用保険事業月報」（平成27年8月）によると、月末現在の適用事業所数は2,131,312事業所、月末被保険者数は40,927,118人となっています。毎月の手続き者があるためにすべてではないとはいえ、3,000万人以上の被保険者の個人番号を確認し、入力していかなければならず、膨大な業務量となるため、どのように手続きを行うことができるのかが大きな課題となっています。

2──在職者の手続き

　雇用保険は一般的に離職した人の制度と思われがちですが、在職中の方に対する給付制度も多く設けられています。そのため、在職者が手続きを行う際にも個人番号を届け出ることが必要となります。具体的には、高年齢者雇用継続

給付金、育児休業給付金、介護休業給付金、教育訓練給付金の申請です。各制度の概要は次のとおりです。

　高年齢雇用継続給付金は、60歳以上65歳未満の雇用保険被保険者であって、5年以上の雇用保険加入期間があり、60歳時点での賃金から支給されている賃金が25％以上低下している場合に支給されます。支給される額は、15％を上限としていますので、具体的な例で考えると、60歳時点で支給されていた額が30万円、60歳以後の賃金額が18万円の場合、賃金が60歳時点の額から60％に低下していますので、現在支給されている18万円の15％に当たる2万7,000円が支給されることとなります。支給は65歳に至るまで支給対象となりますので、2カ月に1回ずつ申請を行っていただくこととなります。

　育児休業給付は、被保険者が1歳（パパママ育休プラス制度の利用者は1歳2カ月）までの子どもを養育するために休業した場合に支給される給付金です。ただし、雇用保険の受給資格と同じく給付金の申請を確認する時点から2年以内に11日以上の月が12月あること、賃金の支給額が休業前に比較して8割未満となっていること、就業日数が支給単位期間である1月間に10日以内であることが要件となっています。また、介護休業給付も同様の条件となっています。給付金の申請は高年齢継続給付金と同じく2カ月に1回行われることが原則となっています。これらの給付金は、被保険者本人から申請することができますが、事業主が行うこともできるものとなっています。申請の歳には、マイナンバーを届け出ていただくこととなりますが、一度届け出れば2回目以降の届出は必要ないとされています。

　教育訓練給付金は、働く方の主体的な能力開発の取り組みまたは中長期的なキャリア形成を支援するため、教育訓練受講に支払った費用の一部を支給するとともに、専門実践教育訓練を受講する45歳未満の離職の方に対しては、基本手当が支給されない期間について、受講に伴う諸経費の負担についても支援を行うことにより、雇用の安定と再就職の促進を図ることを目的とされています。

　一般的な教育訓練給付は、受講開始日現在で雇用保険の被保険者であった期間が3年以上（初めて支給を受けようとする方については、当分の間、1年以上）あること、受講開始日時点で一般被保険者でない方は、一般被保険者

資格を喪失した日（離職日の翌日）以降、受講開始日までが1年以内であること、前回の教育訓練給付金受給から今回受講開始日前までに3年以上経過していることなど一定の要件を満たす雇用保険の一般被保険者（在職者）又は一般被保険者であった方（離職者）が厚生労働大臣の指定する教育訓練を受講して修了した場合に支給されます。

　また、専門実践教育訓練給付金は、受講開始日現在で雇用保険の被保険者であった期間が10年以上（初めて支給を受けようとする方については、当分の間、2年以上）あること、受講開始日時点で一般被保険者でない方は、一般被保険者資格を喪失した日（離職日の翌日）以降、受講開始日までが1年以内であること、前回の教育訓練給付金受給から今回の受講開始日前までに10年以上（一部例外あり）経過していることなど、一定の要件を満たす雇用保険の一般被保険者（在職者）又は一般被保険者であった方（離職者）が厚生労働大臣の指定する教育訓練を受講し修了した場合に支給されるものです。

　この手続きに際し、個人番号が必要となります。一般教育訓練給付金は、講座の受講終了後に申請されることとなりますが、その申請の際に届出が必要となります。専門実践教育訓練給付金は、受講中に6カ月を単位に申請が必要となり、受講終了後1カ月以内にも手続きが必要ですが、初めての手続きの際に個人番号の届け出が必要です。

3―― 離職者の手続き

　離職者は、雇用保険の基本手当、一般にいわれる失業給付金の受給手続きを行うため、事業所を通じて交付される離職票を持参して、住所を管轄する公共職業安定所に申請を行う際に個人番号の記載が必要となります。

　このため、離職票を持参しての受給手続きの際に個人番号を確認することが行われることとなります。一般的に、雇用保険の受給手続きには、本人を確認するために運転免許証などの身分証明書が必要です。マイナンバーカードは身分証明書として活用されることが想定されています。カードを取得して持参しているならば、届け出用紙に番号を記載してもらうことが可能ですが、書類記載を書くために、カードを取り出すなどの作業が必要となります。全国どこの

公共職業安定所もスペースが狭いため、書記台は立って記載するスタンディング方式が多く、手続きに際して必要となる書類への記載事項も多いことから、慌てて書記台に忘れ物をする人が大勢います。また、書類が多くの人の目に触れてしまう危険性もあることから、個人番号が漏えいする危険性が高いと思われます。

雇用保険の基本手当受給は、離職者の生活に直結するため、個人番号がなくても手続きをすることができますが、年金支給との調整があるため、個人番号の記載を強く求めていく可能性があります。具体的な事務はこれから詰められていくと思いますが、個人番号の記載に対する圧力が徐々に強まっていくでしょう。

4── 負荷が高まる一方の個人情報管理

以上述べてきたように、雇用保険の受給に関わって事業主から法人番号を、離職者や在職者から個人番号の届出が必要とされます。税・社会保障との一体運用を図るためとして、行政機関による情報収集が行われるわけですが、その管理を行う行政機関は万全の体制になっているのでしょうか。

公共職業安定所では、職員は減らされ続けています。そのため、少ない人員で個人情報を管理しながら、相談や手続きに訪れる人々の対応をしています。そのために、とりわけ雇用保険に関係する部門で働く職員の労働時間は長時間となっています。たとえば、雇用保険の給付申請が行われれば、失業者ですから生活に直結することもあり、速やかに手続きを進めなければなりません。繁忙期には、大勢の人々が窓口に溢れて長時間待たせることとなっています。職員のなかには、来所者をできるだけ待たせないようにするとして、昼食もとらずに終業時刻まで受付を行い、終業時刻を過ぎて窓口から来所者がいなくなってからようやく食べることができなかった昼食をとり、受付書類の点検、給付金額計算、交付する書類の準備など様々な事務手続きを夜遅くまで行っています。当然、書類が他の方のものと入れ替わることがあってはなりませんので、慎重な取り扱いが求められます。職員は、長時間労働の上に不規則な生活を強いられ、個人情報の厳格な取り扱いが求められることもあり、強いストレスに

さらされています。

　雇用保険の窓口は、職員だけではなく、非常勤職員も多数働いています。非常勤職員は、一時的な雇用とされているため、予算の減少によって契約されなくなる恐れが強く、不安におびえながら働いています。そもそも、こうした個人情報を大量に取り扱う公共職業安定所が不安定な雇用労働者を雇用しなければならないことが異常です。仮に、毎年のように人が入れ替わるような事態となれば、多数の人が個人情報に接することとなりますので、管理することはいっそう難しくなります。

　ところで、手続きによっては証拠書類として身分証明書のコピーが必要な場合があります。証拠書類が必要とされている以上、身分証明書として持参したほかの書類がなければ、マイナンバーカードのコピーを保管することにならざるを得ません。

　個人番号は知られないように取り扱うとされていますが、こうした取扱いは社会にも多数あるのではないでしょうか。銀行での口座開設をはじめ、本人確認を求めているケースは多数あり、コピーをとることもなされています。これでは、個人番号の漏えいを防ぐことは不可能というほかありません。身分証明書としてマイナンバーカードを使用することは、危険きわまりない行為といえます。

　しかし国家公務員は、強制的に身分証明書としてマイナンバーカードを使用することが求められています。公共職業安定所の職員は、名札を着用するようにされていますが、名札として使わされるようなこととなればたまりません。過去には、職員の自宅にナイフを持って押しかけられたケースや、通勤途上に油を浴びせかけられ、ライターで火をつけられて重傷を負った職員もいます。職員は、非常勤を含め多くの個人情報を扱うことに神経を砕くばかりではなく、自らの安全確保のためにも気を配らなければならず、精神的な負担は計り知れません。

5──まさかここまで

　公共職業安定所（ハローワーク）は、職業のあっせんを行うために、個々人

の職業適性を図るキャリアカウンセリングも行っています。安定した雇用につなげるためにも、希望に応じた職業という観点だけではなく、無理なく働き続けることができる仕事を選択できるように助言するキャリアカウンセリングは、若い人だけではなく、中高年者の新たな職業への転換につなげることができます。そのため、職業紹介と一体となって行うことが有効です。

　厚生労働省は、このキャリアカウンセリングを広めることとし、ジョブ・カードの普及を進めています。ジョブ・カードは、キャリアカウンセラーとの面談により、職業経歴などを記載するとともに、経験した職業の内容を詳細に記録し、今後の職業選択に必要な訓練や目標を設定するようになっています。これを有効に活用するため、ジョブ・カードに個人番号を記載するような事態となれば、大変なことになります。ジョブ・カードは応募書類として使うことができるようになっており、面接時に個人番号が応募先企業に知れてしまうこととなります。

　事業主は、雇用する労働者の個人番号を確認することになっていますので、面接時にあらかじめ個人番号を把握しようとすることが起きるかもしれません。職業紹介などあらゆる場面に使われることになれば、国家にすべて管理されることとなります。職業安定行政が国民を管理するような機関になるようなことがあってはならないでしょう。

（秋山　正臣）

4

税務行政の現場はどうなっているか

　マイナンバー制度は、制度発足時点では社会保障と税そして災害に係る行政に限定して利用することとされていますが[1]、もともと「納税者番号制度」が検討されてきた長い歴史があることを考えると、政府にとっては、税務行政へ

---

1) 2015年9月3日、番号法と個人情報保護法の改正案が衆議院で可決成立した。まだ番号法が施行される前の異例の改正であるが、①預貯金口座、②予防接種、③メタボ検診について利用拡大するとされた。

の番号利用が最も中心的な狙いなのかもしれません。

1 ── 番号法と税務行政

　ここでは、行政内部でマイナンバーはどのように活用されるのかについて、さしあたって国税の税務行政について考えてみます。行政手続きにおける特定の個人を識別するための番号の利用等に関する法律（以下「番号法」という）は、行政機関が「事務の処理に関して保有する特定個人情報ファイルにおいて、個人情報を効率的に検索し、及び管理するために必要な限度で個人番号を利用することができる」（同法9条1項）と規定しています。そして、国民には、行政機関に書類を提出する際には番号記載を義務付けていますから、税務署においては、提出された番号記載の書類を「受付」し、番号を利用して特定個人情報を「検索」したり「保存」したりする、あるいは他の書類に番号を「転記」し、さらには、情報提供ネットワークシステムを介して情報照会をすることができ、その際に番号「入力」をすること等々が、具体的な利用事務ということになると想定されます。

2 ── 既存の番号との関係

　我が国においては、すでにほとんどの行政事務において何らかの番号制度が機能しています。国税の税務行政事務に使われているものに「整理番号」があり、申告したすべての個人と法人に付番されています。これは、税務行政に特化した「番号制」といえるものです。ここに、共通番号としてのマイナンバーをすべての国民と大部分の法人・団体に付番して利用するというのですから、現行の番号よりは幅広く、あまねく付番されるものとなります。しかも、強制付番され、本人希望での番号変更は原則不可、そして離脱不可能な制度です。

　では、税務行政で使われている現行の行政番号に置き換えて、このマイナンバーが利用されることになるのでしょうか。それでは非効率ですし、法人番号は公開されその利用は自由とされますが、個人番号は非公開で利用が制限されますから、どの範囲で現行の行政番号とリンクさせるかが問題となります。

実際に、国税庁が公表している申告書などの各種様式をみると、個人番号と整理番号、法人番号と整理番号を併記することとされています。ということは、従来のコンピュータシステムによる事務処理に加え、新たなマイナンバー利用のシステムが構築され、双方を紐付けすることで利用することになりそうです。

3―― 住民基本情報の照会

番号法制定の際に住民基本台帳法が改正されていて、番号法と同時に施行されました。「本人確認情報」を国の機関に提供できることとされていて（住基台帳法30条の10）、新たに、国税等の徴収若しくは収納に関する事務や、国税の納付義務の確定、納税の猶予、担保の提供、還付又は充当、附帯税の減免、調査（犯則事件の調査を含む）、不服審査その他の国税の賦課又は徴収に関する事務に加え、地方消費税に関する事務が付加されました。ここでいう本人確認情報とは、住民票に記載されている氏名、出生の年月日、男女の別、住所および住民票コードのことです。番号法施行に連動して税務行政にその利用が可能となったのです。

したがって、税務行政事務にマイナンバー利用が可能になる2017（平成29）年を待たずに、現行の整理番号と個人番号が紐付けする環境が作られていくものと考えられます。個人番号は唯一無二の番号であることから、現行整理番号の二重付番（それ以上の多重付番もあり、なかには七重付番の例もあったといいます）の整理が可能となり、データの統一性と信頼性が確保されることになるとみられます。

4―― 国税庁の番号利用

番号法は、個人番号について、行政機関の利用を制限しています（同法9条）。国税庁長官に関しては、「国税通則法その他国税に関する法律による国税の納付義務の確定、納税の猶予、担保の提供、還付又は充当、付帯税の減免、調査（犯則事件の調査を含む。）、不服審査その他の国税の賦課又は徴収に関する事務であって主務省令で定めるもの」について利用できるとしています（別

表第1の38項)。この主務省令[2]で定めるものは全部で37項目あり、例えば、「国税犯則取締法による犯則事件の調査その他の賦課に関する事務」や、「滞納処分と強制執行等との手続の調整に関する法律による徴収に関する事務」というように、国税の税務行政の多くの部分をカバーしています。その事務を処理するために「必要な限度」において個人番号が利用できるとされているのです。

5── 国税庁への情報提供の制限

番号法は、特定個人情報の提供を制限しています。ただし、同法19条8号は、国税庁長官が都道府県知事・市町村長に、その逆に都道府県知事・市町村長が国税庁長官に、「国税又は地方税に関する特定個人情報を提供する場合において、当該特定個人情報の安全を確保するために必要な措置として政令で定める措置を講じているとき」(番号法施行規則20条)は、特定個人情報の提供制限の対象にならないとの規定を置いています。「国税連携・地方税連携」と呼ばれるものです。

これは、国税庁と地方自治体との間でデータのやり取りを行っているものを指しています。具体的には、現在、所得税確定申告書の国税庁から地方自治体へのデータ送信は、すべての都道府県及び市区町村との間で行われています。法定調書の国税庁から地方へのデータ送信はすべての市区町村に対して行われています。扶養是正情報・申告漏れ情報などの地方自治体から国税庁へのデータ送信は可能なところから順次実施するとされています。したがって、従来紙ベースで行われていたものが電子データで送受信されているわけですが、これらは情報提供ネットワークシステムを経由しません[3]。

6── 法定調書の名寄せとデータマッチング

週刊誌などの記事によると、マイナンバーによって税務署は多くの課税情報の入手が容易になるのではないかといわれています。しかし、税法改正がなされたのは、税務署に提出する書類に住所・氏名等を記載する場合に、あわせて

---

2) 平成26年内閣府・総務省令第5号30条。

番号の記載を求めるものであって、税務署に新たな権限を付与しているわけではありません。法定調書に番号を記載させることによって、税務署における情報の納税者ごとの名寄せや申告情報との突合が効率的にできるとの説明がなされていますが、もともとこれは税務署において行われていたとみるべきであって、税務調査における新しいツールが用意されたものというような見方はどうでしょう[4]。

法定資料（法定調書制度）というものは、もともとそのための制度であったはずです。それが人の手で処理されようと機械で処理しようと同じことであって、それが早くなるとしても、そのためにこのような大がかりなシステムが必要なのか、コスト面から考えても重大な疑念が残ります。

実際には、国税庁のコンピュータシステムであるKSK（国税総合管理）システムには、名寄せシステムがあって、住所・氏名などをキーに資料の名寄せがコンピュータ処理されているのです。マイナンバーによって、どの程度の省力化、合理化ができるというのか、その説明はどこからもありません。

7── 情報連携と税務調査

マイナンバーは税務調査においてどのような利用が可能なのかを考えてみましょう。

個人・法人ともに、番号によって名寄せされた法定資料と申告情報の照合の結果、突合しない情報が残ります。この情報をもとに調査対象が選定される可能性は高いでしょう。しかし、最も納税者の関心が示されるのが、「情報連携」において、他の行政機関保有の情報にアクセスでき、従来税務署が扱えなかった情報に接することができるのではないかという点かと思われます。これは可能でしょうか。

---

3) すでにワークしているシステムについて、情報提供ネットワークシステムの使用を義務づけると、二重のシステム投資の無駄となるという理由で、例外的に同ネットワークシステムを経由しない特定個人情報の提供を認めている。こういう形で情報連携の外で情報交換が行われることは、マイナンバー制度に抜け穴があることにならないか。
4) 当然であるが、法定外資料（重要資料、㊙資料、査察資料、一般資料等）には番号記載は予定されていない。なお、資料情報制度の問題については、岡田俊明「税務資料情報をめぐる法的諸問題」(青山社会科学紀要39巻2号、2011年) を参照されたい。

番号の利用範囲が制限され、特定個人情報の提供が制限されている番号法の下では、税について番号利用を限定的に認めるものの、情報連携の機能を使って情報を収集・蓄積することを予定していないといえそうです。

　結局のところ、税務署と他の行政機関との関係については、「国税庁等又は税関の当該職員（税関の当該職員にあっては、消費税等に関する調査を行う場合に限る）は、国税に関する調査について必要があるときは、官公署又は政府関係機関に、当該調査に関し参考となるべき帳簿書類その他の物件の閲覧又は提供その他の協力を求めることができる」（国税通則法74条の12第6項）という官公署等への協力要請規定によるか[5]、質問検査権の行使（銀行調査を含む反面調査）によって情報を得ることができるかという問題になります。したがって、その是非は番号制の問題ではないということになります。

　まして、マイナンバーを利用して民間から取引情報を得ることは、提供を求める側も提供する側も番号法違反になりますので[6]、不可能です[7]。したがって、今後は国税庁サイドからは、現在59種類ある法定資料の対象拡大要求が強まることは必至です。

8——税務調査の制限

　通常の税務調査は、任意調査であり納税者を強制できません。調査の際に、調査官があれこれ関係資料の写しを求める（コピーの提出）ことが多々あります。その際に、その書類に個人番号が書かれていた場合には、番号法により提出することも提出を求めることもできなくなります。それを想定して番号法は対処しています。質問検査に際し当該職員は、「租税に関する法律又はこれに基づく条例の規定による質問、検査、提示若しくは提出の求め又は協力の要請が行われるとき」は、調査対象先からの個人番号を含む情報の提供を求めることができるとされているのです（番号法施行令26条、同令別表八）。この規定

---

5) 個人情報保護法制定以降は、官公署からの情報提供は難しくなっているといわれる。
6) 番号法19条は提供を制限し、同法14条及び15条は提供を求めることを制限している。
7) 例えば、国税庁のコンピュータシステムと銀行のコンピュータシステムは連結していないので、税務署の担当官がパソコンのキーを叩けば銀行口座の残高がわかるということはありえない。国税庁のシステムは、インターネット接続はなく、外界と完全に遮断されている。

をもって、質問検査権の行使の範囲（質問・検査、検査対象物件の提示・提出要求）を超えて、新たな権限付与だという解釈はとうてい認められません。注意をしておきたい点です。

9──第三者や取引相手の番号取得

　行政機関等に提出する書面への番号記載は、本人の番号だけではありません。本人以外の第三者の番号を記載することも求めており、そのためにはその番号の提供を求めなければなりません。例えば、個人事業主が報酬・料金等の支払調書や不動産の貸付・譲渡対価・あっせん手数料に係る支払調書を提出する場合は、取引の相手方の番号取得が前提となります。

　また、「給与所得者の扶養控除等申告書」[8]は、給与等の支払いを受ける居住者がその給与等の支払者を経由して所轄税務署長および市区町村長に提出するものとされています[9]が、その申告書には本人の番号のほか、控除対象配偶者および控除対象扶養親族の番号の記載も必要とされています。そして、住民税に関する事項欄には、所得税で扶養控除対象とならない16歳未満の扶養親族の番号記載[10]も求めており、さらに、この申告書を受理した給与等の支払者は自身の番号（個人番号または法人番号）を記載することになります。

　また、源泉徴収票には、給与等の支払いを受ける者（本人）、控除対象配偶者および控除対象扶養親族の番号記載と提出者である給与等の支払者の番号記載が義務付けられています[11]。

　このように、マイナンバー制度は行政機関等がその事務処理のために利用することができるとするものですが、「民−民−官」で流通すると説明されるのはこのことです。税に関していえば、納税者に番号記載を義務付けて利用する

---

[8] 番号を記載したこの申告書の最初の提出は、2016（平成28）年1月以降に給与等の支払者が受理するものからとなる。
[9] この提出は、「税務署長が当該給与等の支払者に対しその提出を求めるまでの間、当該給与等の支払者が保存するものとする。」とされている（所得税法施行規則76条の3）。この申告書様式は、「個人の道府県民税に係る給与所得者の扶養親族申告書」とセットになっており、所得税と同様の取扱いとなっている（地方税法45条の3の2）。
[10] 住民税の非課税限度額計算に必要とされる。
[11] 退職所得・公的年金の源泉徴収票も同じ。また、年中の支払金額が500万円以下（法人役員は150万円以下）の場合は、市区町村に給与支払報告書を提出することとされている。

仕組みであり、その物理的・経済的・人的な負担の上に成り立つものということになります。

10── 本人確認の問題

「本人確認」は、マイナンバー制度の重要なキー概念です。番号法は、「本人から個人番号の提供を受けるときは、当該提供をする者から個人番号カード若しくは通知カード及び当該通知カードに記載された事項がその者に係るものであることを証するものとして主務省令で定める書類の提示を受けること又はこれらに代わるべきその者が本人であることを確認するための措置として政令で定める措置をとらなければならない。」と規定しています（同法16条）。

番号制度先進国のアメリカや隣国の韓国で、番号利用による「成りすまし犯罪」が多発したことから、この成りすまし多発の要因が番号のみによる本人確認にあったとして、我が国における共通番号制度設計においては、番号確認とともに身元（実在）確認を行うこととしました。

事業者に対しては他人の番号収集を求めるだけではなく、本人確認という事務負担を強いるものとなりました。このことは、申告書や申請書などの書面を受け付ける行政機関の窓口においても従来の事務にない人的・物的負担の増加は明らかです。

例えば、2017年3月15日提出期限の所得税確定申告書から番号記載が求められますが、税務署の窓口ではそのつど番号確認と本人確認を行うことになります。本人確認できるものを所持していない場合は、申告書は受理されない可能性があります。そのような対応をしていたら税務署の窓口は相当混乱することになるでしょう。また納税者も二度手間になってしまいます。それでは、郵送による提出の場合はどうでしょう。この場合は、受理されないことはないと思われます。なぜなら、現在でも申告書に記載不備や押印漏れなどがあっても受理されているからです。また、代理人が申告書を提出する場合はどうでしょう。委任状など本人および代理権確認書類の提示を求めて本人確認をすることにならざるをえません。これではトラブルが生じそうです。

申告書は税務署の窓口で提出するなと言わんばかりの手続きということに

なってしまいます。税務署にとっても本意ではないでしょうし、実際には、窓口対応はゆるやかに行うことになるでしょう。そうしなければ、番号制度が申告納税制度の障害にさえなりかねないことになってしまうからです。

11 ── 番号記載のない申告書等の取扱い

　番号のない者の場合は、記載は不可能ですので空欄になります（記載しようがない）。誤記載の場合は、財務会計ソフトでチェック可能になると思われます（番号の下一桁のチェックデジット（検査用数字）の活用）。無記載の場合は税務署窓口では記載についての行政指導が行われるかもしれませんが、無記載であることを理由に不受理（収受拒絶）はできません[12]。

　なお、申告書などの書類の控えについて、番号記載が必要かは特に定めはありません。もともと税法上控えの作成を義務付けてはいませんので、控えに番号を記載しなくても問題はありません。また、番号不記載についての罰則規定はありません。

12 ── 源泉徴収票等への番号記載の問題

　所得税の源泉徴収票は、各人別に源泉徴収票2通を作成し、その年の翌年1月31日までに、1通を税務署長に提出し、他の1通を従業員本人に交付しなければなりません。所得税法施行規則が改正されています（同法93条1項）。税務署提出用の源泉徴収票には、本人及び控除対象配偶者や控除対象扶養親族の個人番号のほか支払者の個人番号・法人番号を記載させ、受給者交付用には支払者の番号記載は不要とされたのです。

　しかし、これはおかしな省令改正です。マイナンバー制度は、行政機関等に書面を提出する場面で番号記載を求めるのですから、本人交付用書類に番号を書かせるのは番号法が特定個人情報の提供を制限していることに反するのでは

---

12) この点について、国税庁HP上の番号制に関する「国税分野におけるFAQ」には、「申告書や法定調書等の記載対象となっている方全てが個人番号・法人番号をお持ちとは限らず、そのような場合は個人番号・法人番号を記載することはできませんので、個人番号・法人番号の記載がないことをもって、税務署が書類を受理しないということはありません。」(Q2-3-2) としている。

ないか、という疑問があります。

　個人番号記載の源泉徴収票の交付を受けた受給者がこの源泉徴収票を使用するのは、実際には金融機関等に対する所得証明などの場合であって、個人番号が記載された源泉徴収票をそのまま使用することはできませんので、マイナンバーに関する出版物の多くは、個人番号記載部分をマスキングして金融機関等に提供すべきとしているのです。このような取扱いは改める必要があるものでした。

　案の定、番号法施行寸前の10月2日（金）、国税庁ホームページに、「本人へ交付する源泉徴収票や支払通知書等への個人番号の記載は必要ありません！」との情報を掲載し、この日、所得税法施行規則等の改正が行われたことを知らせているのです[13]。これは至極当然のことです。法施行ギリギリまで、混乱が続いていることを示しています。

　行政機関などがマイナンバーを「利用する」という場合、具体的には、必要最小限の範囲で利用することのチェックは可能かが問題とされなければなりません。特定個人情報保護のための第三者機関の設立が求められてきましたが、最終的に番号法は、内閣府外局として特定個人情報保護委員会を設置することとしました。この委員会は、行政機関に対しても「指導及び助言」が、さらには違反行為に対する「勧告及び命令」が、そして「報告若しくは資料の提出」を求めることができ、「立入検査」の権限を有します。これらの権限は、主として民間事業者に向けられるものと考えられ、行政機関内部の違法行為のチェック機能としては十分なものとは言えません。しかも事後チェックですから、行政機関の番号利用に関しては、有効な力を発揮することは期待できないでしょう。

　番号法は、今後利用範囲を拡大することを前提に議論され、報道されています。先行きが極めて不透明です。マイナンバー制によって行政が何を得ようとするのか、ブラックボックス化を許さない監視が欠かせません。

（岡田　俊明）

13）個人番号記載不要となる関係書類は、給与所得の源泉徴収票、退職所得の源泉徴収票、公的年金等の源泉徴収票、配当等とみなす金額に関する支払通知書、オープン型証券投資信託収益の分配の支払通知書、上場株式配当等の支払に関する通知書、特定口座年間取引報告書、未成年者口座年間取引報告書、特定割引債の償還金の支払通知書である。

5 中小企業は
――マイナンバーに対して会社としての対応

　私だけでなく周りの人たちの状況から見ますと、突然制度が成立され、何をどうしていいのか戸惑っているのが現状だと思います。私の知る限りどの会社も対応は全くできていないし、そもそも明確な目的、運用の法的な根拠、書式など政府自身ができていない状況です。このような中ですでに送付開始の2015年10月5日を迎えてしまいました。

1――現時点でのマイナンバーに対する認識

　私が所属する民主商工会（民商）などで約半年にわたってマイナンバーの学習をしてきましたが、知れば知るほど何の役にも立たない制度であり、安倍政権の傲慢さや反平和主義にますます腹が立ってきます。この制度は憲法を無視して国民の権利を否定した上に、安保法制を財政面から支えるべく、そのためマイナンバーがとくに政府側からが必要とされた制度であると言えます。
　そのためにこの安保法制（戦争法案）とマイナンバー制度の２つの法律を同時に施行する準備がされてきたものであることが明確になりました。
　また、社会保障のために必要だといいながら、すでに、マイナンバーの実施する前から社会保障全般の切り捨てが全面的に行われています。厳しい生活にむちをあてる行為で、政府が本当に国民生活を大切にするならこの制度の実施見送りをすべきであります。
　公明党が強く要求している軽減税率を実現させるために、子どものチョコレートを１つ買うのにまでマイナンバーを必要とするなど、ふざけきっています。
　つい先日も日本年金機構による年金情報125万件の漏えい事件があったにもかかわらずです。子どもなどにマイナンバーカードを持たせたら、なくして当たり前であるし、高齢者は毎日探し物で明け暮れてしまいます。そんな中で罰

則だけはとても重く、事務員さんが漏えいした場合、捜査当局が故意によるものと言いがかりをつけて、4年の懲役、罰金200万円などの重罰と事業主や従業員を脅す可能性もあります。

全国での遺失物財布（この中にマイナンバーカードを入れる可能性が大）だけでも30万個、有価証券も今後マイナンバー付きが30万件、そのほか免許証など大切な遺失物が30万枚を超えています。こんな中でこの制度を始めたならば、漏えい、成りすましは当然となります。とくに高齢者の認知症は深刻な状況です。

これから国だけでなく地方自治体なども、全国民の個人情報を利用し始めます。それには総合行政ネットワーク（LGWAN＝地方公共団体を相互に接続する行政専用のネットワーク）を行政窓口などが利用開始しますが、このセキュリティにもまだまだ不安があります。私の住む埼玉県川越市ではサンドボックス（セキュリティモデル）をネットワークに導入するので大丈夫と議会では報告しています。しかし、それらを開発している会社などはこれらセキュリティを突破するには少し時間がかかるという程度で完全ではないと表明しています。

その一部の中では「最近の攻撃はスピードが各段に上がっている」とセキュリティシステムを開発するマクニカネットワークスの鼻山嘉秀氏がコメント。「弊社案件では、マルウエア（悪意を持って作成されたソフトウエア）感染から管理者権限奪取まで、わずか40分というケースもあった」などと述べています（「ASCⅡ.JP」 TECHより）。

2015年3月の時点では「特定個人情報保護評価（PIA）」でも、システム改修終了が1661自治体によるPIA評価書公表は、903自治体、残り758自治体は不明だとしています。しかし、対策不十分のまま、マイナンバーの利用だけが先に進むならば、初期段階での周知やセキュリティなどの整備が不十分だったために多くの個人情報が流れてしまったアメリカのようになります。その結果、アメリカ国民が危機意識が薄かったこともあり、漏えいによって被害が今でも増加の一途です。今では成りすましによる年金の横取りまで横行しています。

海外ではマイナンバーの利用目的が絞られているところが多いのですが、日

本ではどの行政目的にも利用しようとした制度のため、マイナンバーによる行政手続きをすべての対象とするマスターキー方式となっており、どこからでも漏えいする危険性が指摘されています。アメリカの制度では社会保険番号、ドイツでは税金など目的は一定はっきりしていても漏えいが後を絶たず、成りすましが横行している状況にあります。そのためイギリスではマイナンバー使用をやめてしまいました。

アメリカにいる弟の話では、知り合いのセキュリティナンバーを知りたければ知りたい人の名前、友達、家族の名前、数名の組み合わせ、電話番号、住所、出身大学なども加えるとかなり精度の高いソーシャルセキュリティ番号、あるいは個人情報をインターネット上で見つけることができてしまうとのことです。とにかく検索項目を入れることでかなりの部分はわかってしまう状況にあるそうです。それでもなお、どうしても知りたければナンバーを調べる職業まであるそうです。

私を含め、皆さんは番号がどのようなところに使われるのか実感がありません。カードだけ大事に保管をすれば漏れないかというと、残念ながらそうはいきません。たとえば9月に民商で行われたマイナンバーの学習会で質問されましたが住民票にも番号が付いてくる、そうすると自動車を買う、何かの資格を取る、駐車場を借りるなどの時、ほとんど住民票を手続きの時につけて提出していますので、本来マイナンバーの集積を行うことはいけないこととなっていますが、自動車屋さんなどは何もしなくても住民票など仕事上、集積してしまうということが判明しました。

私も住民票に関しての詳しい情報は10月の前まではマイナンバーが振られるといわれていましたが、詳細はわかりませんでした。10月になってから番号がつけたものか、つけないものがいいか、自らが住民票の申請を行う時に選べることとなっていることが判明しました。このようなこともあったので、いくつかの自治体に住民票にマイナンバーがただの申請の場合でもマイナンバーが書き込まれるのか聞いたところ、4カ所ではすぐに選択できるとの返事があったものの、2つの自治体ではすぐには応えられませんでした。自治体窓口だとしても安心だなんてのんきなことを言っていられません。

実際に、茨城県取手市は2015年10月、住民票を発行する自動交付機の設定

ミスにより、誤ってマイナンバーを記載した住民票69世帯100人分を発行してしまいました。もし、本人が知らなければ、たとえば代行業者に委任していたとすると、マイナンバー付き住民票が手に入る可能性があります。

これらは住民票だけにとどまらず、どの役所の書類にもマイナンバーがつく可能性があります。制度が始まってもこのような状況ですから、何が起きても不思議なことではありません。私たちには何の恩恵もないことだけは学習すればするほど分かってきましたが、結局、不安が増すだけで、全くメリットがないことがはっきりしてきています。

このように窓口一つとっても不十分な対応ですし、今までの窓口業務とは各段に重要性が増しているにもかかわらず現状は大変な状況です。不十分な対応しかできないのは、担当者の窓口の外注化、臨時職員が4割を超える自治体が大半となり、セキュリティ教育などが不十分でおろそかになってきているのが実態です。

2 ── これから起きうるだろうマイナンバー制度の心配

経営者は個人と、会社を含めるといくつナンバーを持つことになるのでしょうか？

こうした危険がいっぱいななかでこのマイナンバー制度が始まりました。当然、この番号は、各自、住所地に選択の余地なく勝手に通知カードが送りつけられてきます。

個人から言いますと、これはナンバーが一人に1つですが家賃収入や講演、アルバイト、手伝いの報酬などの所得があれば、報酬のやり取りが発生することから事業となり、個人の番号がかなりの分野にわたって使用されることになります。

会社についても複数の経営をすると、これはこれで複数の番号を代表者として持つことになります。したがって、個人番号と会社の番号も従業員の管理も含めると大変な作業になります。これまで、マイナンバーの必要性があるかどうか学習する中で知ったことは、通知カードの番号と免許証があれば個人カードと同等ですし、個人カードを持ち歩かない人や提示を拒否する人などでも、

結局、免許証があれば本人確認を今までどおりできるとされています。

　だとするなら何のための番号かといえば、本来の法律名称がよくその実態を現しています。その名は「行政手続きにおける特定の個人を識別するための番号の利用等に関する法律」──結局なんか親しみのあるかのような「マイナンバー」では見えてこない法律の目的の中身が見えてきます。これも勉強会の成果だと思います。行政の簡素化を目指すといいながらその使われる範囲が、いま分かっているだけで93項目とも言われていますが、後出しじゃんけんと同じで、法律、条例を策定するなら結局なんでもありになってしまいます。

　その中に個人的な情報、病歴、親族、金融、資産までひも付きになることが決まっています。これらがひも付きになるということは情報的には「ガラスでできた家」に住むようなものです。トイレも風呂も寝室もすべて外部から見られて自分から見えないマジックミラーでできた家と同じと表現できます。国や、行政から見れば何でも個人の情報は丸見え、自分は自分の情報がどのように見られているか分からない。このようなことは憲法から見て本来やってはいけない国の犯罪の一つです。憲法第13条は「すべての国民は、個人として尊重される」とありますが、マイナンバー制度はこれに違反し、プライバシー侵害のさいたるものであります。

3── それでもマイナンバーが動き出した。対処はどうする！

　私のところでは社員にマイナンバー制度の説明と提供マイナンバーはどのように使われるかなどを説明し、憲法に基づき個人の権利等も説明をします。世界の中で、日本は43.4％と高率な税負担になっており、この上、福祉が削られ消費税がこの先増税されるならば、ますます営業や生活ができなくなります。憲法で最低生活を営む権利を有していながら、今後マイナンバーの徹底の中で、われわれがただ生きることさえ許さなくする、基本的人権を侵害する制度であることを伝えていきたいと思います。

　利益がなくとも収めなければならない消費税は、私の会社でもすでに限界にきています。今まで消費税が5％でも納入できなかった会社が多かったのですが、2014年度の国税に占める消費税滞納が54％にもなっているのです（新規

発生分）。この先税率が10％になれば、ますます増加することは目に見えます。

　この最悪な状況でどう対応するかですが、私の会社の場合、マイナンバーを提供する法定調書を扱うにしても、別の場所にマイナンバーのために新たなスペースなどはなく、また狭い事務所で囲いを設けることなどなおさらです。そのほか、金庫、シュレッダー、新たなコンピュータシステムなど新たな費用の捻出など大変難しいことから、次のようにしようと考えています。

　法定に基づいて番号提供を求めるが、番号の書き込みは本人に書いてもらい、ただちに専用封筒に入れて密封したものを役所などの窓口に提出する。このときの本人確認は袋に本人と確認したことを記す予定。提供を受けた場合、受けたことを本人に対しても提供を受けたことの証であるナンバーの預り証を発行することとする。このときの記載内容は、日時、使用目的、マイナンバー管理者の氏名、会社の責任者の入った書面とする。袋に入れ、密封したところでマイナンバーの返却をただちに行い返却書にサインをもらう。そのようにすることで、結果として金庫などに、あるいはコピーなどはできる限り置かないようにすることができると考えます。

　一方、番号漏えいを危惧して番号提供を拒否する方もいらっしゃると思います。その場合は、国税庁も認めていますので、領収書等はいただくこととしますが、マイナンバーについては提供できない理由を書面で取り交わしておくことになるかと思います。この場合預り証は発行いたしません。

　このようなかたちで私のところではマイナンバーの対応を予定し、書面、封筒、理由書などの準備をしているところであります。

　これまで、さまざまな分野で申請等が楽になると宣伝されていながら、番号制度導入後もe-Taxへログインする際は、これまでどおりマイナンバーでなく利用者識別番号を使用することになります。結局、何の省力化もなっていません。政府は本当にとってつけた理由でマイナンバー制度を導入するのです。

　政府自らも言っていますが、要は国民に対し、所得、金融、財産、家族構成の収集把握にあるといわれています。国民生活へのバズーカー砲となる制度が明白になったことから、憲法を守り立憲政治のためにも個人番号の申請は行わないことが重要であると思います。

　私個人としてもメリットは見いだせず、結論ではまず漏えいの確率が増加す

ることから、個人番号カードは取得しないと決定しました。また、番号の提供はできる限り行わないことで漏えいの確率を下げたいと考えています。

民商では、税務署交渉などを行い、確定申告書などの税務書類に個人番号を記載しなくても書類を受け取ること、記載がなくても不利益がないことなどを確認しています。

政府による個人情報の名寄せには、個人の自由を守る権利として、制度利用をしにくくさせることが肝要であること、一番はマイナンバーの利用中止の国民的運動を盛り上げ、発展させることが大事だと思います。

〔参考〕国税庁：国税分野における FAQ より

Q2－10　従業員や講演料等の支払先等から個人番号の提供を受けられない場合、どのように対応すればいいですか。？

（答）

　法定調書作成などに際し、個人番号の提供を受けられない場合でも、安易に個人番号を記載しないで書類を提出せず、個人番号の記載は、法律（国税通則法、所得税法等）で定められた義務であることを伝え、提供を求めてください。

　それでもなお、提供を受けられない場合は、提供を求めた経過等を記録、保存するなどし、単なる義務違反でないことを明確にしておいてください。

　経過等の記録がなければ、個人番号の提供を受けていないのか、あるいは提供を受けたのに紛失したのかが判別できません。特定個人情報保護の観点からも、経過等の記録をお願いします。

　なお、法定調書などの記載対象となっている方全てが個人番号をお持ちとは限らず、そのような場合は個人番号を記載することはできませんので、個人番号の記載がないことをもって、税務署が書類を受理しないということはありません。

（菊池　大輔）

第2章

国民・住民の権利を
どう守る

はじめに
——マイナンバー制度には重大な問題があります

　マイナンバー制度は、原則として生涯変わらない一つの番号に、様々な個人情報を紐付けて管理し、名寄せ・データマッチングすることを可能にする制度です。国家が国民を管理するためにマイナンバー制度を無制約に利用できるとすれば、それは国家による個人情報の一元管理体制（監視国家・管理国家）にほかなりません。また、マイナンバーと紐付けられた大量の個人情報が収集・利用されれば、本人の与り知らぬところで、その本人に関する大量の個人情報を含むデータベースが形成され、利用されることにもなりかねません。情報漏えいや「成りすまし」等の被害が発生するおそれもあります。

　さらに、マイナンバーが、国民に対する徴税強化のための手段として、また、所得や資産に応じたきめの細かい負担増・給付削減を実現するための道具として利用されるおそれもあります。

　したがって、マイナンバー制度は廃止を目指すべきと考えます。

　とはいえ、すでにマイナンバーの通知が行われ、その運用も開始されようとしています。このような状況で、国民・住民の権利を少しでも守るためにどのような点に留意して対応して行く必要があるのかについて私の考えを述べたいと思います。

1　マイナンバー制度について正しく知り、知らせることの重要性

1——政府の説明は不十分で不正確

（1）低い認知度

　内閣府が2015年7月に実施した世論調査では、マイナンバー制度について「内容まで知っていた」と答えた人の割合は43.5%でした。1月の世論調査で

は28.3％でしたから約15％は増えていますが、やはり半数以上はマイナンバー制度について知らない、という結果が出ています。

こうした状況でマイナンバーの通知や運用を開始すれば、漏えいや不正使用が発生するのは当然です。すでに、制度に便乗した詐欺被害等が発生したことが報じられています。

（2）分かりにくい政府の広報

政府もテレビコマーシャルや新聞織り込みチラシ、ウェブサイトなどさまざまな手段を使ってマイナンバー制度に関する広報を行っています。

しかし、政府の広報は、制度のメリットだけを強調し、住民や事業者がすべきことを表面的に説明するだけにとどまっているように見えます。制度の問題点や危険性を含めてきちんと説明し、それをふまえてどのような対応を講じる必要があるかを説明しなければ、正しく理解することは難しいと思われますが、政府としては、問題点や危険性の広報はしたくない。その結果、この間の政府の広報等で「マイナンバー」という言葉自体の認知度は上がっても、制度の内容についての周知が進んでいないのではないか、と思います。

（3）不正確な説明まで

政府の担当者の説明の中には、間違っているといわざるをえないものもあります。

たとえば、週刊『エコノミスト』2015年9月15日号に掲載されたインタビュー記事の中で内閣府の実務担当者である福田峰之氏は、「マイナンバーを知られたら情報が芋づる式に取られるというのは、まったくの事実誤認だ。番号はただの『名前』。私が『福田峰之』と知られて、まずいことは何もないということと同じだ。私は自分の番号が入ったTシャツを作ろうと思っている。番号を知られても問題がないということを自ら実践する」と述べたとされています。

しかしこのような説明は明らかに間違っています。

マイナンバーは、それ自体では12桁の数字にすぎませんが、その番号が一生使い続けられ、様々な個人情報と紐付けられて、様々な機関等でデータベースに保存されるのです。マイナンバーは、様々な場所に保存されている膨大な

個人情報にアクセスするための万能キーの役割を果たすのです。

これに対して名前は、同姓同名が存在しますし、結婚や養子縁組等で変更される場合があります。さらに名前に使用される漢字について、たとえば「渡辺」と「渡邊」、あるいは「斉藤」「齋藤」「斎藤」など、同じ人物でも機関によって別の文字を届けていることもあります。したがって名前での検索には限界があります。

名寄せ・データマッチングの道具としては、名前よりマイナンバーの方がはるかに便利です。だからこそ、悪用された場合の危険性もはるかに大きいと言えます。

番号法がマイナンバーの提供を原則として禁止しているのも、マイナンバーの不正取得を罰則の対象にしているのも、マイナンバーの漏えいそれ自体が危険性をはらんでいるからにほかなりません。福田氏の説明はこうした番号法の規制にも反しているのです。

政府関係者によるこうした虚偽の説明は、国民をミスリードするものであって許されることではないと思います。

2── プライバシー侵害の危険性を正確に理解する

(1) 住基ネットでの個人情報保護措置

1999年に住民基本台帳法の改正で導入された住民基本台帳ネットワークシステム（住基ネット）では、11桁の番号（住民票コード）が全国民に付与されました。この際にも、住民票コードが官民問わず広く利用されるようになり、これを使って名寄せ・データマッチングが行われれば、個人のプライバシーが丸裸にされるおそれがあるのではないかが問題になりました。そのようなおそれがあるとして、住基ネットを違憲であるとする下級審判決も出されました（金沢地裁平成15年5月30日判決、大阪高裁平成18年11月30日判決）。

しかし、住基ネットでは個人情報保護の観点から、住民票コードは住民の請求でいつでも変更できますし、民間で利用することも禁止されています。行政機関が住民票コードを利用する場合も、これを使って行政機関の壁を越えて名寄せ・データマッチングを行うことは禁止されています。最高裁第1小法廷平

成20年3月6日判決は、住基ネットを合憲としましたが、住民票コードに関するこうした規制を前提としています。

（2）マイナンバー制度は住基ネットよりはるかに危険

これに対してマイナンバー制度では、マイナンバーの変更は原則として認められません。マイナンバーを民間で取扱うことも前提とされていますし、将来的にはさらに広い民間活用も予定されています。そしてマイナンバー制度は、行政機関等の壁を越えた名寄せ・データマッチングを行うことを目的としています。

住基ネットで採用されていた個人情報保護のための措置が取り払われてしまっているのです。マイナンバー制度は、住基ネットよりはるかにプライバシー侵害のおそれが高いと言わなければなりません。

（3）プライバシー侵害を防ぐための番号法の規制

番号法の規制は、こうしたマイナンバーによるプライバシー侵害を防ぐために、いわば住民票コードに対する規制を取り払う代わりとして設けられています。

番号法の規制内容については項をあらためて紹介しますが、番号法の規制が遵守されなければ、重大なプライバシー侵害につながりかねないことを知っておく必要があります。

（4）個人番号カードに関するリスク

政府は個人番号カードを普及させるために様々な活用方法を提案しています。

たとえば、ICチップの空き領域を活用して、個人番号カードを国家公務員の身分証明書として利用することをすでに決定しましたし、地方自治体や独立行政法人、国立大学法人の職員証や、民間企業の社員証としての利用を促すとしています。これが実現すれば、それらの職員や社員は、個人番号カードを取得し、日常的に携帯することが事実上義務付けられることになります。

また、個人番号カードをキャッシュカードやクレジットカードなどとしても使えるよう検討を進めるほか、健康保険証や各種免許の公的資格確認機能を持

たせることも検討するとしています。

　個人番号カードにこうした様々な機能を付与すれば、そのカードを不正利用された場合の被害は甚大になります。また、健康保険証や運転免許証と一体化すれば、個人番号カードを取得しない、という選択肢がほとんどなくなってしまい、事実上所持が強制されることになりかねません。極めて危険な方向性だと思います。

　この点について、先のエコノミスト誌のインタビュー記事で、福田氏はこうも述べています。「目指している世界観を一言で表現すると『カード1枚で生活できる』だ。財布にカードが何十枚も入っている人がいるが、私がやっている仕事は、それを1枚にすることだ。そう説明すると『落としたらどうする』と必ず聞かれる。仮に落としても暗証番号が分からなければ、拾った人は何にもできない。」

　暗証番号があるから大丈夫、だそうですが、クレジットカードやキャッシュカードの暗証番号として、生年月日や推測されやすい番号を使っている人はかなりの数います。暗証番号が覚えられないからと、暗証番号を書いたメモと一緒にカードを保管している人も結構見受けられます。いずれも非常に危険なことではありますが、現実にはやっている人がたくさんいます。福田氏の見解は、個人番号カードの暗証番号だけは、そのような危険なことをする人はいない、という想定でしょうか。あるいは、そういうことをする人が被害に遭うのは自業自得なのでやむを得ない、という考えでしょうか（それならそこまで説明すべきでしょう）。

3── 国民のメリットは二の次であることを理解する

　政府は、マイナンバー制度で国民の利便性が向上すると説明していますが、そのようなメリットはほとんどありません。

　番号法は、「……『個人番号利用事務』とは、行政機関、地方公共団体、独立行政法人等その他の行政事務を処理する者が……その保有する特定個人情報ファイルにおいて個人情報を効率的に検索し、及び管理するために必要な限度で個人番号を利用して処理する事務をいう」（2条10項）と定めています。マ

イナンバーを使って個人情報を効率的に検索し、管理することが認められているのは、「行政機関、地方公共団体、独立行政法人等その他の行政事務を処理する者」だけなのです。

そして、「……個人番号利用事務に関して行われる他人の個人番号を必要な限度で利用して行う事務」が、「個人番号関係事務」です（2条11項）。たとえば、事業者が税の申告や社会保障に関する手続のために従業員のマイナンバーを集めたりするのがこれに当たります。

つまり、極めて大雑把に言えば、役所がマイナンバーを使って効率的に事務処理ができるように（個人番号利用事務）、民間がその事務作業のお手伝いをする（個人番号関係事務）、というのがマイナンバー制度なのです。したがって、国民の利便性向上というのは、マイナンバーで行政事務が効率化する結果としての、あくまで副次的なものにすぎません（たとえば、行政機関などでの手続で、添付する書類を削減できる、というメリットがあるとされますが、これも行政機関同士がマイナンバーの仕組みを使って簡単に情報連携できるようになる結果でしかありません）。

マイナンバー制度は、本質的には、国民の利便性向上のための制度ではなく、（民間に事務作業を負担させて）行政事務を効率化するためである、と捉える必要があると思います。

なお、行政事務の効率化も、それ自体は否定されるべきではありませんが、構築に数千億円の費用をかけ、しかも、民間に様々な負担やプライバシー侵害等のリスクを負わせてまでも実現すべきものとは思えません。費用の点だけ見ても、政府はいまだにまともな費用対効果の試算を示しておらず、コストに見合った効率化が実現するとも思えません。

4 ── リスクや本質をふまえた上で番号法の規制を理解する

番号法は、マイナンバーの利用や提供を原則として禁止し、法律で例外的に認めた場合にだけこれを許容する、という規制をしています（なお、別項で詳しく説明しますが、番号法は、個々の国民にマイナンバーの提供を義務付ける規定は置いていません）。

具体的には、まず、マイナンバーの利用範囲は番号法9条に列挙された場合に限られています。行政機関等が利用できる事務は同法別表1に列挙されており（9条1項）、また、地方公共団体は条例で定めることにより、社会保障、地方税等の事務で利用できることになります（同条2項）。これら行政機関や地方公共団体の事務関係した事務を処理するためにのみ民間もマイナンバーを取扱えることになっています（9条3項）。

次に、マイナンバーを含む個人情報の提供が許されるのも番号法19条に規定されている場合に限られます（したがって、マイナンバーが漏れても問題がないことを実践する目的でマイナンバーの記載されたTシャツを着用して人目に晒す、などというのは、それがたとえ自分のマイナンバーだとしても、番号法19条に違反した違法行為にあたるおそれがあります）。

他人にマイナンバーの提供を求めることができるのも、19条で提供が認められている場合に限られます（14条、15条）。

さらに、他人のマイナンバーを不正に利用した「成りすまし」を防ぐために、他の人からマイナンバーの提供を受ける際には、その番号が間違いなくその本人のものであることを確認するための措置（本人確認の措置）を行うことが義務付けられています（16条）。

マイナンバーを取扱う際には、こうした番号法の規制を正しく理解している必要があります。自らがマイナンバーの漏えい・不正使用の加害者とならないために、あるいは被害者となる可能性を少しでも小さくするためには、マイナンバーの利用や提供が認められる範囲を正しく理解しておくことが不可欠です。

5── 自治体の役割は大きい

（少なくとも当面は）多くの国民にとって、マイナンバーを提供する場面は多くありません。勤務先や取引先のほかは、税務署をはじめとする公的機関に提供する程度です。その数少ない機会の一つである自治体の窓口では、利用者に対して、マイナンバーについての正確な知識を普及することに努める必要があるでしょう。

とくに、自治体の窓口で、マイナンバーの提供が義務ではないにも関わらず、

「申請書にマイナンバーの記載がなければ受付けない」というような誤った対応をしないように留意する必要があります。

たとえば、『しんぶん赤旗』の 2015 年 10 月 10 日付けによると、厚生労働省の通知（9 月 29 日付け老健局長通知）で、介護保険の各種手続きの申請書にマイナンバーを記載するように変更がなされましたが、これを受けて、一部の自治体では、「今後、個人番号の記載がない場合は申請を受け付けない」「介護事業所が申請を代行する場合は、マイナンバーカードか、そのコピーを持参するのが義務」だと説明した、しかし、国会議員の問い合わせに対し、厚労省の担当者は、マイナンバーの記載がなくても、申請が受理されないことのないようにする旨回答した、と報じられています。

介護保険の利用者の中には判断力の衰えている人も含まれており、介護事業者が手続きを代行する場合も多く、マイナンバーの提供を必須とすると、漏えい等のリスクが増すことになります。しかも、あとで述べるとおり、自治体等の公的機関は、本人から提供を受けられなくても、事務処理に必要な場合には、マイナンバーを入手する方法があるので困ることもありません。したがって、自治体の窓口において、マイナンバーの提供がなければ手続きができないかのような取り扱いはすべきではありません。

2 マイナンバーの提供義務について

1── 番号法はマイナンバーの提供義務を規定していない

先に述べたように、番号法はマイナンバーの利用・提供等を原則として禁止し、例外的に許される場合を列挙しています。しかし、個々の国民にマイナンバーの提供を義務付ける一般的な規定は置いていません。したがって、番号法だけを見れば、マイナンバーの利用・提供が許される場合に行政機関等からマイナンバーの提供を求められたとしても、個々の国民はマイナンバーの提供に

応じる義務はない、ということになります。

2 ── 社会保障に関する手続きでもマイナンバーの提供は必ずしも義務ではない

平成27年9月29日の厚生労働省令第150号は、社会保障に関する手続きでマイナンバーを利用するために関係省令の改正を行っています。

これにより、たとえば、健康保険法施行規則2条の届出をする場合には、「……被保険者証の記号及び番号又は個人番号」(同条1項1号)、「……届書に個人番号又は……基礎年金番号」(同条3項)を記載することになりました(下線部が改正により付加された部分)。健康保険に関するこの手続きの場合には、マイナンバーでなく、従来どおり被保険者証の記号番号や基礎年金番号でも手続きができることになっています。したがって、マイナンバーの提供は義務ではない、ということになります。

先に述べた介護保険に関しては、介護保険法施行規則が改正されて、「……及び個人番号」を記載することとされています。こちらは「又は」ではなく「及び」とされていますので、マイナンバーの記載が義務付けられているようにも見えます。しかし、そもそも規則でマイナンバーの提供を義務付けることができるのかという疑問がある上に、マイナンバーの記載がなくても、自治体はこれを入手する手段はありますし、厚労省の担当者も、記載がなくても申請は受け付けるようにする、と述べたとされています。したがって、この場合にも、マイナンバーの提供が法的義務である、と言えるかどうかは微妙であろうと考えます。

3 ── 税法上は義務とされている

(1) 税法の規定

これに対して税法上は、申告書等にマイナンバーを記載するのは法的義務とされています。

たとえば、国税通則法124条1項は、「国税に関する法律に基づき税務署長その他の行政機関の長又はその職員に申告書、申請書、届出書、調書その他の

書類を提出する者は、当該書類にその氏名（法人については、名称。以下この項において同じ。）、住所又は居所及び番号（番号を有しない者にあっては、その氏名及び住所又は居所）を記載しなければならない。」と改正されています。

したがって、事業者が税務署に提出する申告書や法定調書などに、事業者自身の、あるいは従業員や扶養家族のマイナンバーを記載することは税法上義務付けられた法的義務である、ということになります。

（２）従業員から事業者への提供は必ずしも義務ではない
ア　従業員から事業者への提供義務？

事業者自身の番号はともかく、従業員やその扶養家族のマイナンバーを申告書や法定調書などに記載するためには、従業員からその提供を受ける必要があります。したがって、事業者としては、従業員に対して、マイナンバーの提供を求める義務がある、と解する余地があります。

では、事業者から求められた場合、従業員はマイナンバーを提供する義務はあるのでしょうか。

先に述べたように、番号法にはマイナンバーの提供義務を定めた規定はありません。また、税法上も、従業員から事業者に対してマイナンバーの提供を義務付けた規定はありません。よって、（就業規則や労働契約等で義務付けない限り）従業員が事業者にマイナンバーを提供すべき法的義務はなく、提供しなくても何ら義務違反にはならないということになります。

イ　従業員から提供を受けられなかった場合の事業者の対応

そこで、（事業者の求めにも関わらず）従業員がマイナンバーの提供をしない場合には、事業者は申告書や法定調書などにこれを記載することができないことになりますが、税法も不可能を要求するものではないので、記載できなくてもやむをえないことになります。

従業員等のマイナンバーが記載されていない法定調書を提出した場合、税務署がこれを受け付けない、ということはありませんが、税法上の前記義務違反の可能性がありますので、税務署が、質問検査権の行使として税務調査に入ることがあり得ます（国税通則法74条の２）。そのような場合に、単なる義務の懈怠ではなく、従業員から提供を受けられなかったことから記載できなかっ

た、ということを説明できるように、マイナンバーの提供を求めたが受けられなかったという経過を記録しておくべきでしょう。

ウ　それでも行政機関はマイナンバーを入手できる

では、従業員が事業者にマイナンバーを提供しなかった場合は、税務署はその従業員のマイナンバーを入手して利用することはできないのでしょうか。

そうではありません。

番号法14条2項は、「個人番号利用事務実施者……は、個人番号利用事務を処理するために必要があるときは、……機構に対し、機構保存本人確認情報……の提供を求めることができる」と規定しています。

「個人番号利用事務」については先に説明しましたが、行政機関等がマイナンバーを使って行う事務です。そのために必要があるときは、「機構」から「機構保存本人確認情報」の提供を受けられるようになっています。この「機構」というのは、地方公共団体情報システム機構（番号法2条14項）の略ですが、機構は、市町村から住民票コードの通知を受けて、それからマイナンバーを作り出す役割を担当します（同法8条）。そこで、機構が保存している、機構保存本人確認情報には、マイナンバーも含まれることになります。行政機関等は、本人が提供しなくても、機構からマイナンバーの提供を受けることができるのです。

したがって、事業者が提出した申告書や法定調書などに従業員のマイナンバーが記載されていない場合には、税務署は、機構からその従業員のマイナンバーの提供を受けることができます。

なお、これは、事業者自身が申告書などに自らのマイナンバーの記載をしなかった場合にも同様です。

（3）就業規則や契約で義務付けるのはどうか

事業者が、従業員等のマイナンバーの提供を受けるために、就業規則や労働契約等でマイナンバーの提供を義務付けることは一応考えられます。

この場合には、従業員は事業者に対してマイナンバーを提供すべき（契約上の）義務を負うことになりますので、提供しなければ、場合によっては、懲戒処分を受ける可能性があります（もっとも、先に述べたとおり、従業者がマイ

ナンバーを提供しない場合には、事業者がそのマイナンバーを記載できなくても税法上の義務違反にはならないこと、税務署は機構からその従業員のマイナンバーを入手できることを考えると、仮に懲戒処分ができるとしても、許されるのはせいぜい戒告程度であろうと思われます）。

　しかし、先に述べたとおり、そもそもマイナンバー制度は、行政機関等がマイナンバーを使って効率的に事務処理できるように、民間がその事務の手助けをする、という制度です。従業員のマイナンバーを収集することで事業者自身に特にメリットがあるわけではありませんし、一旦マイナンバーの提供を受けてしまうと、適正に管理しなければならず、もし漏えいや不正使用があった場合には、損害賠償義務を負う場合もあり得ます。就業規則等で義務付けてまで従業員からマイナンバーを収集するのが、事業者にとって得策かは疑問があります。

　そもそも、従業員から事業者へのマイナンバーの提供を義務付ける必要があるのであれば、番号法にそのような義務規定を置くのが筋です。番号法がそれをしていないのに、個々の事業者が、就業規則等でマイナンバーの提供を義務付ける、というのは違和感を感じます。

　したがって、事業者としては就業規則等に義務付けるかどうかを検討する際には、こうしたリスク等もふまえて、慎重に検討すべきと思います。

（4）安全管理措置が十分か

　事業者は、従業員等のマイナンバーの提供を受けた場合には、これを適正に管理する法的義務を負います。事業者が従業員等のマイナンバーを不正に使用したり、漏えいさせたりすることがあってはならないのは当然です。そうすると、事業者としては、従業員等からマイナンバーの提供を受ける前提として、これを適正に管理できる体制を整備しておく法的義務がある、ということになります。もしそれが十分にできないままに従業員等のマイナンバーの提供を受ければ、そのこと自体が番号法違反ということになります。

　そうすると、予算や人員を確保できず、マイナンバーを適正に管理できる体制を整えることができなかった場合には、その事業者は、安全管理措置が不十分なままにマイナンバーの提供を受けるという番号法違反を犯すのか、従業員

からマイナンバーの提供を受けられず、法定調書に記載できないという税法違反を犯すのか、いずれかの義務違反を余儀なくされる事態になってしまいます。

　もちろん、税務署の見解としては、安全管理措置をしっかり整備した上で、従業員等のマイナンバーを収集するように努めるべし、ということになるでしょうが、現実に安全管理措置の整備が間に合わなかった場合には、番号法違反をするのか、税法違反をするのか、厳しい選択を迫られることになってしまいます。

3　マイナンバーカードの取得は慎重に

　住基ネットの導入により、希望者は住民基本台帳カード（住基カード）の交付を受けることができるようになりました。政府は、住基カードを普及させるために、身分証明書としての利用や条例での独自利用などを促しましたが、ほとんど普及しませんでした。総務省によると、2014年3月31日現在での累計交付枚数は約834万枚、うち有効交付枚数は約666万枚、有効交付枚数を住基人口で割ると約5.2％にすぎないとのことです。惨憺たる結果と言えるでしょう。

　今、政府は住基カードでの失敗を繰り返さないために、先に紹介したようにマイナンバーを普及するために躍起になっています。

　しかし、マイナンバーカードを取得するかどうかはあくまでも任意です。これを取得しなくても困ることは基本的にはないはずです（国家公務員のように身分証明書として採用されたような場合は別ですが）。

　政府はマイナンバーカードの利用範囲を拡大するために、様々な機能を付加するでしょうが、それにより多少は便利になることがあるとしても、カードを不正に利用された場合のリスクの大きさを考えれば、そのメリットはとるに足りないと言えます。

　マイナンバーカードの不正使用の被害にあわないためには、カードを取得しないことが一番であると思います。もしマイナンバーカードを取得する場合に

は、推測されにくい暗証番号を設定するなども含めて、厳重に管理することを徹底すべきでしょう。

また、マイナンバーカードを取得しないことは、自分の身を守るだけではなく、カードの普及という政府の方針に反対する意思表示にもなりうると思います。

4 利用範囲の拡大に反対する

番号法附則6条は、番号法の施行後3年で利用範囲の拡大を検討するものとしていました。ところが早くも、2015年9月には、まだ施行もされていないのに、金融機関の預貯金口座や特定健診情報・予防接種に関する情報とマイナンバーを紐付けるという改正法案が可決成立してしまいました。さらに政府は、戸籍やパスポート、在外邦人の情報管理にもマイナンバーを使えるようにするための改正法案を2019年の通常国会に提出すべく準備を進めているとされます。

先に述べたとおり、これと平行してマイナンバーカードの利用範囲の拡大も進められています。

マイナンバーやマイナンバーカードの利用範囲の拡大は、プライバシー侵害の危険性を著しく増大させます。それだけでなく、社会保障に関する国民の負担増や給付の削減等につながるおそれもあります。

こうした観点も含めて、利用範囲の拡大には反対の声を上げていくことが必要と考えます。

おわりに──住基ネットの反対運動をふまえて

1── 住基ネットの反対運動

住基ネットが導入された際にも、将来的には利用範囲が拡大されて、あらゆ

る個人情報が住民票コードを使って名寄せ・データマッチングされるおそれがありました。また、住基カードの所持が事実上強制されるような事態も懸念されていました。

こうしたことから、広く反対の世論がおこり、全国各地で住基ネット差止訴訟が争われ、下級審ではありますが、違憲判決も出ました（私も住基ネット差止め関西訴訟の弁護団に参加しました）。

これに対して国は、住民票コードの民間利用は禁止されているし、行政機関も住民票コードを使って名寄せ・データマッチングをすることは禁止されている、と主張し続けました。最高裁の合憲判決も、これを前提とするものでした。

こうして、住基ネット自体を廃止に追い込むことはできませんでしたが、住民票コードは、いわば行政内部の整理番号としての位置付けに固定されました。様々な個人情報と紐付けられて、名寄せ・データマッチングの道具として使われることは阻止できました。

2──マイナンバー制度に反対の声を

マイナンバー制度についても、様々な形で批判の声を上げていくことで、政府の進めている利用拡大に歯止めをかけることが可能であると考えます。

マイナンバー制度は、その本質を知れば知るほど、国民にとっては、負担やリスクを押し付けられるばかりで、何のメリットもない制度であることが分かります。しかも住基ネットや住民票コードは、国民がその存在を日常的に意識することはありませんでしたが、マイナンバーは、様々な場面で国民が負担やリスクを意識せざるを得ない制度です。

マイナンバー制度の問題点を知らせる活動をおおいに広げて、廃止の世論を大きくしていきたいと思います。

（坂本　団）

第3章

番号法の法的問題点と個人情報保護の展望

はじめに

　番号法に基づくマイナンバー（社会保障・税番号制度）は、「複数の機関に存在する個人の番号の情報を同一人の情報であるということの確認を行うための基盤であり、社会保障・税制度の効率性・透明性を高め、国民にとっての利便性の高い公平・公正な社会を実現するための社会基盤（インフラ）である」（内閣官房資料）と説明されます。そして、2016 年 1 月からのマイナンバーの利用を前に、その利用範囲を拡大する法改正が進められ、さらに社会保障・税の分野にとらわれない利用可能性も引き続き模索されつつある状況です。

　ところで、同法が構築するマイナンバーの「社会基盤」性とは、具体的に何を意味するのでしょうか。また、「社会保障・税制度の効率性・透明性」、「国民にとっての利便性の高い公平・公正な社会」とは、どのようなイメージで語られ、どのようなゴールを目指すものなのでしょうか。これらの点の究極的な解明は、どの程度の時間的範囲を設定するかにもよりますが、近年に制定ないし改正されてきた一連の重要な法律群及び主要政策の中の一つとして本法を位置付けながら考察する必要もあると思われます[1]。

　同時に、マイナンバーが、原則的に行政機関のみによる運用を想定した住基ネットワークにおける 4 情報等とは異なり、今後は民間の広範囲にわたる利用が予定されることによって、これまで以上に個人情報の漏えい・悪用等のおそ

1）例えば、高度情報通信ネットワーク社会の進展に即して、一方で積極的な情報政策を展開すると同時に、他方で国や国民の安全の確保に係る情報を秘匿、管理する等の法律（高度情報通信ネットワーク社会形成基本法（平成 12 年 12 月）及びその改正（平成 25 年 5 月）、特定秘密の保護に関する法律（平成 25 年 12 月））。
　「国民の安心・安全の確保」を前提に「国民の利便性の向上」、「医療や福祉サービスの発展による経済の活性化」を目指す健康・医療分野や、「国民一人一人が自らの能力を発揮できる多様な働き方が選択可能となる」とともに、「働き手のニーズ、産業構造の変化や技術革新等の環境変化に即した円滑な労働移動を支えるシステムの整備」を進める雇用分野などでの規制改革論（規制改革実施計画・平成 27 年 6 月閣議決定）、地方の自主性及び自立性を高めるための改革の総合的推進、市町村への都道府県権限の移譲及び法律による地方公共団体への義務付け・枠付け規定の改正を進める膨大な法改正、規制改革を加速させることで国の産業の国際競争力を強化する国家戦略特別区域法（平成 25 年 12 月）、日本と「密接な関係にある他国に対する武力攻撃」の発生により「我が国の存立が脅かされ」る事態を想定して制定されたいわゆる安保法制二法（平成 27 年 9 月）など。この中では、立憲主義の空洞化や、規制緩和・特区制度に見られる法律・法制度が従来備えてきた機能の著しい変容がとくに注視されなければならない。

れに対する国民の危惧も高まりつつあることも大きな問題です。

本章は、以上の課題を意識しながら、番号法がそなえる仕組みとその主要な法的問題を検討するものです。なお、今後の個人情報の保護のあり方をめぐっては、2015年9月に成立した個人情報保護法改正に注目しなければなりませんが、これについての検討は他の機会に譲ることにします（なお、以下本章ではマイナンバーを、原則として個人番号と呼びます）。

1 個人番号制度の構想とその特徴

（1）番号法は、その第1条において、広範囲にわたる目的を定めています。

第1に、行政機関、地方公共団体その他の行政事務を処理する者が、個人番号及び法人番号に付与された識別機能を活用し、並びに当該機能によって異なる分野に属する情報を照合してこれらの同一性の有無を確認することができるものとして整備された情報システムを運用して、「効率的な情報の管理及び利用並びに他の行政事務を処理する者との間における迅速な情報の授受」を行うことができるようにする、としています。

第2に、これにより、「行政運営の効率化及び行政分野におけるより公正な給付と負担の確保」と、上記行政機関等に対して申請、届出その他の手続きを行い、又はこれらの者から便益の提供を受ける国民が、「手続の簡素化による負担の軽減、本人確認の簡易な手段その他の利便性の向上」を得られるようにする、と言います。

第3に、「個人番号その他の特定個人情報の取扱いが安全かつ適正に行われるよう」、いわゆる行政機関保有個人情報保護法、独立行政法人等保有個人情報保護法及び個人情報保護法の特例を定めるとしています。

このように、法目的は「行政の効率」を高め、「国民の利便向上」を図るという謳い文句を示していますが、それによりどのような「社会基盤」がつくられるのかについては具体的に述べているわけではありません。したがって、番号法に基づいてすすめられる個人・法人各番号の行政上の利用、および今後拡

大することが既定路線とされる民間での利用について、そのような方針が採用されるに至った背景を確認し、同法の運用がどのように行われるのか、そして、その中で法律の仕組みが十分であるかどうかを問い直すことが重要になります。上記の番号法の目的や、番号制度の導入時期が急がれた理由等を再度確認した後に、番号法の設計と、これに関連することになる諸制度が合理性・緻密さを確保できていること、あるいは同法に基づく運用が適切になされること等の確証が得られない限り、番号制度全体に対する国民の信頼を獲得することは困難となるでしょう。仮にその過程で本来の目的からの逸脱や不備が明らかになれば、同制度に対する厳格な評価とそれに基づく見直しを行っていくことは避けられません。さらに、そこでの不安要因が十分に払拭できず、または様々な問題の発生が予測されるとすれば、その点に対する改善への取組みを早急に、場合によれば制度の根幹部分からの再検討を行わなければならなくなるおそれもあります。したがって、番号法が施行されるいまこそ、同法制定の経緯を振り返り、番号の適正利用やとりわけ個人情報の保護を確実ならしめるために、同法とこれに関連する法制度を含めて厳しくチェックしていくことには大きな意味があるのです。

（2）さて、2013年5月に制定された番号法の出発点に、民主党政権下での「税と社会保障の一体改革」論があったことを記憶しておられる方も多いと思います。まず、そこでの番号制度の位置付けから簡単に振り返ることにしましょう。

「社会保障・税に関わる番号制度についての基本方針」（政府・与党社会保障改革検討本部・平成23年1月31日。以下、「基本方針」という）は、問題意識として、(1)国民一人ひとりが公平・公正に扱われているか、自分の納めた税金や保険料にふさわしい社会保障がきめ細やかに、的確に行われているか、自分の権利がしっかりと守られ、そのことを自分の目で確認することができるか、という視点を提示し、(2)国民が行う行政手続が煩雑かつ不便でコストを要し、制度上利用できるサービスであってもそれを知らないために受給の機会を逃してしまう、などの「国民の負担や不公平」が生じていること、(3)行政にとってもサービス提供の前提としての正確な本人の特定ができず、真に手を差し伸べるべき人に対するセーフティネットの提供が万全でなく、不正行為の

防止や監視が必ずしも行き届かないこと、(4) 行政はこれを補うために多大なコスト等をかける一方、人的なミスを繰り返し、国と地方、国の各府省間等の情報連携が不足していること、(5) 国民が不満・負担等を感じる状況は、民間サービスにおいても生じており、民間事業者も、正確な本人特定・本人確認のために多大なコスト・時間・労力を要していること、を提示しました。

　それでは、こうした課題に対応するため、個人や法人の同一性を確認するための番号制度はどのように構想されていたのでしょうか。まず番号制度には、付番、情報連携及び本人確認という仕組みをもたせるものとした上で、上記 (1) ないし (2) にいう国民生活における利便については、番号の利用場面を以下のように想定していました。①社会保障分野では、保険者同士での情報連携を進める。これにより、高額医療・高額介護合算制度を利用する際の添付書類の省略、年金手帳、医療保険証、介護保険証等の機能を番号カード（ICカード）にもたせるとともに、本人が自己の診療情報等を容易に入手・活用できるようになる可能性が示唆される。②年金については、確定申告に際しての公的年金等の源泉徴収票の添付が不要となる。③医療では、情報連携により医療費の自己負担額が把握できれば、確定申告に際して医療費控除に必要な領収書等の添付・保存が不要となる。④以上とも関連する税務手続きにおいては、金融機関や雇用主等から自己への支払情報、社会保険料控除の対象となる国民年金保険料、国民健康保険料の支払情報、医療費控除額算出に必要な市町村、保険者等からの補填金情報等、確定申告に際して有益な情報を「マイナポータル」（後述）で確認でき、また国税・地方税とも自己の申告情報、納付履歴等を入手・閲覧できる。

　他方、上記 (3) および (4) に挙げられた行政活動における効率化・コスト削減等の合理化に関しては、①番号制度により、基礎年金番号の重複付番や付番欠如、年金手帳の二重交付が回避できることになり、年金制度のより的確な運用ができる。②税務行政における個人番号の名寄せ・突合により、所得の過少申告や扶養控除のチェックを効率的に行うことができ、社会保障の不正受給や税の不正還付等を防止できる、と述べていました。

　「基本方針」の段階にあって、具体的な制度設計に言及するまで至っていなかった点はともかくとしても、この後に継続することとなる上述の国民及び行

政にとっての利益・利点のとらえ方や、それらを実現する手段としての法制度を推進する過程の特徴は以下のように整理することができるでしょう。

　第1に、新たな番号制度を構築することの意義、つまり国民と行政各々がそれにより初めて獲得できる「利益」の価値が、既存の制度（例、住民票コードや社会保障番号等）運用に伴う限界と比較してどれほど高く見積もられるのかが具体的に示されないままに検討が開始されていることです。利便の向上と効率化が挙げられるものの、行政機関等における実務の上で、例えば徴税事務内での納税者全体の所得の捕捉、社会保障給付手続の上でいかなる課題があり、それが国民への悉皆的な個人・法人番号付与による制度によらなければ改善が図れない、といった議論の立て方はされず、番号制度を構築して個人の同一性確認基盤を整備することの不可欠さのみが強調されています。したがって、利便や効率ということばが強調されてはいても、むしろ「複数の機関に存在する個人の情報が同一人の情報であるということの確認を行うための基盤は、情報化された社会には必要不可欠なインフラ」（「基本方針」2頁（Ⅰ．理念　2　理念・実現すべき社会））であるとか、「番号制度は既存の事務や業務そのものの見直しを可能とする基盤ともなる」（同7頁（4　番号制度構築に際しての留意点））などの記述に当初からの真意があったとみるべきでしょう。

　第2に、法整備に加えて制度発足に当たっての当事者国民への内容提示や技術的制約の克服方法等、安定的な運用開始を保障するための準備時間、あるいはネットワークシステムの開発・維持に必要な費用の額とその捻出手法等々の考察は「今後検討する」という取り組み姿勢であったといえます。当然ながら個人番号制度においては、国民（個人、法人）が十分な理解に基づき合理的な行動をとることが予定されるべきですが、既存のシステム（住基ネットワークシステムにおける住基カード、納税申告システムにおけるe-Tax等）の普及率や利用者数との比較に基づいて、番号制度の運用をどのように見込み、予測できていたのかはきわめて曖昧であったといえるでしょう。一例として、法令等に基づき、正当な行政目的のために国民が自己に付された個人番号を利用しなければならない際の本人確認手続きを考えると、いわゆる住基カードを改良したICカード（番号法では「個人番号カード」）を入手し、利用するまでは従前と同じく身分証明を別途必要とし、以後、ICカードを持たない選択をす

る場合にも本人確認の手続きが求められることになります。他方で、ICカードを希望し、交付されたときには、その保有や利用方法について、多様な「心配」がついて回るでしょう。

　このような番号制度検討の開始当初からの「ゴリ押し」ともいえる特徴が、具体化された番号制度の内容にどのように反映され、またその運用によって、いかなる「社会基盤」をかたちづくることになるのか。たしかに、社会保障や税務の行政運営における国民個人の正確な特定が番号制度によって可能となれば、適正な社会保障上のサービス提供や給付金の交付が確保されるとともに、行政活動の効率も向上し、他方で各種の保険料・税の納付・徴収もより強化される「見込み」が展望できるかもしれません。負担と給付の対応関係を明確化することで、「公正・公平」性の実現が図られるという説明も一般的には肯定できるでしょう。しかし、私たちが知りたいと願う今後の社会保障制度再構築の実像は、番号制度による社会基盤づくりの必要性という議論にすりかえられていなかったでしょうか。例えば、番号制度による社会保障財政収支の改善が、社会保障制度の改革にどの程度寄与しうる基盤整備であるのかに国民として関心を寄せていたとしても、そのことへの説明は全く欠如していたといえます。漠然とした「社会基盤」の整備という表現に隠れ、なされるべき税制、社会保障制度の実質的な改革を、番号制による「公平・公正」化という議論で代替することは不当であって、そのような幻想を振りまいているとすれば欺瞞というべきです。

　第3に、今後の重要な検討課題にもなりますが、期待できる国民の利益＝利便の向上には、①届出や申告の際の添付書類の省略等、のほかには、②国民の公平・公正が図られるとともに、③自己の関係情報の閲覧、確認が挙げられることになりました。まずとくに一般的に指摘しておきたい点として、そもそも個人番号制度に期待される国民の利益と行政の効率化の実現にはいくつもの条件がクリアされなければならないことがあります（この点は、以後の政府・与党の文書でもわずかながら明らかにされています）。例えば、個人番号の突合せ等により個人の預貯金に関する情報が明確になり、公租公課の未納・滞納、あるいは資産の存在が明らかになって、特定個人の社会保障サービス・給付金等の打ち切り等が視野に入ってくるとしても、そのためには行政による相手方

に対する個別の調査、対応方針及びとるべき行為の選択と決定、事後的に生じうる当事者との紛争においてとるべき対策など、予測される多様な過程や課題が必然的に随伴します。国民の公正・公平を実現するためには、それ相応のコストが必要ですが、機械的に処理するならばともかく、番号制度自体により、この手順が不要になるわけではありません。同じく、個人番号・法人番号をつうじて厚生年金未加入者を洗い出すことができたとして、その結果、同年金加入対象者を拡大するという成果をただちに得られる保障はどこにもないのです。

　他方で、国民の側に、上記③のような、番号制度の導入に伴う個人情報の保護や適正な利用の本人によるチェックという、現代社会でその重要性が認識され、そのための具体策がさらに整備されるべき課題の機運が生まれることに対しても、過剰な期待に陥ることなく、冷静に考えておく必要があります。とくにマイナポータルをつうじた個人情報利用に対する自己コントロールという考え方には一定の期待とともに、個人保護の有効性に関する疑問も否定できません。このことに関しては、4項で述べることにしたいと思います。

2　社会保障・税番号大綱に依拠した番号法の内容

　民主党政権の下で、「基本方針」上の構想は、「社会保障・税番号要綱」（社会保障・税に関わる番号制度に関する実務検討会・2011年（平成23年）4月28日）」を経た後、「社会保障・税番号大綱」（政府・与党社会保障改革対策本部・平成23年6月30日。以下「大綱」と呼ぶ）へと具体化されました。その内容は、現行法と同名の法案にとりまとめられて第180回国会に上程され、衆議院解散により廃案とはなりましたが、自公民の三党協議によりほとんどが現行の番号法に引き継がれて平成25年の第183回国会で成立しました。

　以下、大綱で検討が加えられ、番号法に組み入れられた内容の概略を紹介します。

　まず番号制度の利用は、当面は主に社会保障と税分野とされました。その結

果、(1) 社会保障の給付や負担の状況に関する情報を、国・地方公共団体等相互で、正確かつ効率的にやり取りし、個人や世帯の状況に応じたきめ細やかな社会保障給付の実現が可能となる。(2) 税務当局が行う国税・地方税の賦課・徴収に関する事務においても、例えば、税務当局が取得する各種所得情報や扶養情報について、個人番号又は法人番号を用いて効率的に名寄せ・突合することが可能となり、より正確な所得把握に資することとなる。(3) 防災福祉の観点からの活用も行う（ただし番号法では、「災害対策に関する分野」（第３条第２項、第４項）と表現されます）。(4) 事務・手続きの簡素化、国民の負担軽減の利便向上が改めて強調される。以上に加えて、以後、マイナポータルをつうじた番号制度の利活用の特色を挙げるものとして、(5) 自己の情報の入手や必要なお知らせ等の情報提供、があります。すなわち、一般的な政府・行政の広報を超えて、社会保障・税の個人情報、利用できるサービス関係情報を自宅のPCから受け取り、閲覧することが想定されています（プッシュ型サービス）。さらに、(6) 個人の心身の状況や提供された医療・介護等のサービスの内容の情報を用いることで医療・介護等のサービスの質、公衆衛生・医療水準の向上に資することになるのではないかとの提案がなされたことにより、今後への含みが残されることになりました。これは、大綱を取りまとめるに当たり、2010年（平成22年）末から2011年（平成23年）前半にかけて地方六団体公共団体実務検討会構成員等との間で開催した意見交換会などから出されたとされますが、そうした個人情報をマイナポータルで流通させることが許容されるか（情報の「機微性」に関わる）等、基本的な吟味が要求されることを大綱自身前提として認めざるを得ず、その意味で直ちに実行できるものとは考えられていません。

　つぎに、番号制度の安全性確保の課題です。「基本方針」は、これに関しては「個人情報保護の方策」と題して、(1) 自己情報へのアクセス記録の確認、(2) 番号制度に係る個人情報保護法制の円滑な執行と適切な運用を担保するために設置される第三者機関の在り方、(3) 目的外利用・提供の制限等、(4) 罰則、(5) プライバシーに対する影響評価、(6) 個人番号を取り扱う事業のあり方、の各検討の必要性を列挙しているにとどまっていたため、大綱でようやくその内容の一端が開陳されたものです。

大綱は、番号制度において国民への付番により特定の個人を識別できるようにし、番号をつうじて本人確認を行うことは一面効率的であるが、その弊害（成りすまし等）はすでにアメリカや韓国で発生しているとの認識の下、個人番号制度では、番号のみで本人確認の手段としないとの選択をすることとしました。また、番号制度に対する国民の「懸念」（という表現が適切であるか否かも一つの問題ですが）として、(1) 国家管理への懸念、(2) 個人情報の追跡・突合に対する懸念、(3) 財産その他の被害への懸念、の3点を列挙し、十分な個人情報保護方策を講じるものとしました。

　ところで、番号法上これら個人情報の保護が十分に図られているかどうかの判断基準として、大綱は、住基ネットにおける本人確認情報（住所、生年月日、性別、住所の4情報及び住民票コードと変更情報）の収集、管理及び利用が、憲法第13条に定める国民の人格権の侵害に当たるかどうかが争われた事件の最高裁判決（平成20年3月6日第一小法廷判決・民集62巻3号665頁）の趣旨を踏まえるとしています。なお、この判決は、住基ネットワークシステムをつうじて行政機関が住民の本人確認情報を収集、管理又は利用する行為は、住民の同意がない状況であっても、憲法第13条に保障された「個人に関する情報をみだりに第三者に開示又は公表されない自由」を侵害しない、とする初の判断を示したものです。

　大綱は、本判決の判示内容に即して、①国民が個人情報をみだりに第三者に公表されない自由を有することから、それに反してはならない旨を法律に規定し、正当な理由なく提供が行われた場合には処罰すること（番号法は第19条に規定）、また、②住基ネットが本人確認情報をもとに処理している事務の中で、個人情報を一元的に管理できる機関や主体は存在していない、との判示部分に対応して、(a) 情報連携の対象となる個人情報については情報保有機関のデータベースによる分散管理、つまり各省庁のデータベースによる管理とし、(b) 情報連携基盤においては、「民－民－官」で広く利用される番号を情報連携の手段として直接用いず、当該個人を特定するための情報連携基盤等び情報保有機関のみで用いる符号を用いるとともに、(c) 当該符号を番号から推測できないような措置を講じる、としました。また、判決が、個人情報を収集、管理等することが違法でないと判断する主要な理由として掲げていた、③本人

確認情報の管理・利用は法令等の根拠に基づき、正当な目的の範囲内で行われている、との指摘から、番号を用いることができる事務の種類、情報連携基盤を用いることができる事務の種類、提供される個人情報の種類及び提供元・提供先等を逐一法律（番号法では別表第一及び第二に列挙される）又は法律の授権に基づく政省令に明示するとともに、情報連携基盤を通じた番号に係る個人情報へのアクセス記録について、マイナポータル上で確認できるようにすることとしました。さらに、④システムのセキュリティ対策を十分に講じ、⑤目的外利用又は秘密の漏えい等を、懲戒処分又は刑罰をもって禁止する必要に加え、番号法では現行の行政機関個人情報保護法の法定刑を引き上げ、民間事業者及びその従業者等による不正利用や、不正アクセス等による不正取得に対処する直罰規定を創設するなどの規定を整備するものとしています。なお、⑥住基ネットの場合には、国・地方公共団体の第三者機関として審議会等が置かれていますが、番号法の下では、国の行政機関については監督権を有し、独立性が保障される第三者機関を設置することとしました。

3 法案審議で何が議論されたか

番号法案に対する国会審議の過程で関心が集まり、あるいは修正を受けた点を以下で指摘していきますが、番号法案をめぐる政府・与野党の状況は概略次のようなものであったといえるでしょう。

第1に、前政権が提案した番号法を成立させること自体は自公政権も異論がなく、前述の三党協議を踏まえ、小規模な修正を加えた上で衆参の各内閣委員会に提出されたため、協議済みの法案が上程された段階で同法の成立は確実と考えられていました。修正された点は、①法案に、番号制度の基本理念、国の責務及び地方公共団体の責務を規定したこと、②個人番号の通知は、市町村長が住民に対して「通知カード」によって行い、通知カードと引きかえに個人の番号カードの交付を受けることとしたこと、③特定個人情報の取り扱いの監視、監督等を行う第三者機関を、特定個人情報保護委員会として、その権限も拡大

したこと（特定個人情報とは、個人番号（個人番号に対応し、当該個人番号に代わって用いられる番号、記号その他の符号であって、住民票コード以外のものを含む）をその内容に含む個人情報をいう。同法第2条第8項参照）、④本人確認措置に係る新たな認証技術の導入等について検討する旨の規定、マイナポータルの設置及びその活用等を図るために必要な措置を実施する旨の規定を置いたこと（同法附則第6条参照）等です。

そのため、第2に、法案をめぐる質疑のほとんどは、個別の点の説明を担当大臣や政府委員に求めて確認するにとどまる一方で、法の成立前から、個人番号利用分野の将来的拡大の可能性を問う議論すら見られました。なお、同法と併せて提案されていた内閣法等の改正法案中「高度情報通信修正ネットワーク社会形成基本法」の改正に関して、同社会推進戦略本部長（＝内閣総理大臣）の本部員（とくに、内閣法改正により置かれることとなった内閣情報通信政策監＝政府CIO）に対する指示権限を強化し、高度情報通信ネットワーク社会の形成に関する施策で重要なものの実施の推進に係る府省横断的な計画の作成を行わせるものとする修正は、番号制度の一層の活用を視野に入れたものであったといえます。

しかし、それにもかかわらず第3に、衆議院内閣委員会及び参議院内閣委員会では、附帯決議の動議が、前者では三党に加え日本維新の会及びみんなの党の五党、後者では三党とみんなの党の四党の各共同提案で提起され、賛成多数で可決された点に注目すべきでしょう。これは個人番号の民間利用及びその今後の拡大をにらんだとき、個人情報の保護をさらに適切に図る必要性を無視することができなかったためであると考えられるからです。

番号法案の審議で採り上げられた論点は、(1) 前述した利用範囲の拡大可能性とその時期的見通し（同法附則第6条第1項参照）、(2) 当初は2015年10月に予定されていた消費税率10％への引き上げに伴う低所得者への手当として想定されていた総合合算制度実施のための番号制度利用の可否、(3) 設置が予定される第三者機関の役割・権限、(4) プッシュ型サービスの推進施策、等々でした。しかし、なかでも (5) 番号の利用に伴って危惧される個人情報の漏えい・悪用に対する保護、あるいは利用のチェックはマイナポータル（「社会保障・税番号大綱」政府・与党社会保障改革検討本部・2011年（平成23年）

6月30日、では、「情報保有機関が保有する自己の『番号』に係る個人情報等を確認できるように、かかる情報を、個人一人ひとりに合わせて表示する電子情報処理組織」と解説されていましたが、番号法の附則第6条第5項は、これを「情報提供等記録開示システム」と呼んでいます）をつうじて行われるものとされている点に関心が集まりました。マイナポータルの仕組み・技術的課題や、これにより国民がどのような個人情報のチェックや利用を行えるか、また、その限度をどのように設定すべきか等は、現時点でも検討途上にありますが、附則同条同項は、同法「施行後1年を目途として、情報提供等記録開示システムを設置するとともに、年齢、身体的な条件でその他の情報提供等記録開示システムの利用を制約する要因にも配慮した上で、その活用を図るために必要な措置を講ずるものとする」とだけ規定しています。国民の中でマイナポータル利用がどの程度普及するのか、マイナポータルをつうじてどの程度の個人情報の利用が開始される（プッシュ型サービスが拡大される）のか等々は、今後の検討に待たなければなりません。いずれにしても、国会審議は、法目的である行政の効率、国民の利便性の向上に対する実質性の有無・明確化の等の解明には踏み込まず、むしろさらなる利活用を探究する立場に終始していたと評さざるを得ないものでした。

4 マイナポータル導入により個人情報保護水準は向上するか

（1）なお運用上未定の部分も多いとはいえ、おそらく今後は、マイナポータルが開始されることに国民から一定の関心が集まると予想されます。ただし、あらかじめ確認しておく必要があるのは、番号制度の定着と普及、具体的な利用場面の拡大という流れの中で、マイナポータルは、国民の本人確認情報の自己コントロールに資する手段となる可能性をもつと同時に、個人番号が民間での広範な利用に供されることの「対価」に当たる役割を与えられていることです。言い換えると、これが実質的に「対価」としての機能を発揮できるのかどうかが、個人情報の保護が有効になされるかという点にとって決定的に重要と

なるでしょう。従来の住基ネットワークが保有している4情報（住所、氏名、生年月日、性別）や住民票コード等が、原則的に行政内部でのみ利用されている現状では議論される必要もなかったところにマイナポータルが出現したのは、個人番号が行政の外＝民間に広く利用されることから生じうる不測の事態への対処のためにほかなりません。その意味では、個人情報保護法の改正内容にも詳しい検討と厳しい評価が必要になります。他方では、国・地方公共団体に番号をつうじて名寄せされ、突合される膨大な個人情報が、法令により根拠を与えられるとはいえ収集・利用されることによる不安も生じるところです（行政機関や独立行政法人の個人情報保護法、地方公共団体の個人情報保護条例の改正検討が求められます）。さしあたり、①マイナポータルによって、行政及び民間での個人番号の様々な利用を本人が機能的にチェックでき、もって個人情報の保護を十分に行えるか、②個人番号は全国民に付番される一方、マイナポータルを利用できる者の範囲は限られざるを得ないため、マイナポータル以外の方法も開発され、その利用者は拡大するのか、③また、マイナポータルという仕組みにより、憲法学で伝統的に論じられてきた人格権、プライバシー等の人権ないし法的利益の保護水準を上昇させるような機会が得られるのか、等が問われなければなりません。

（2）そこでこの点を考えるために、前述の住基ネットワークをめぐる最高裁判決の結論と理由付けが番号制度の開始に当たり、十分に参考とされたのかどうかを検討して、今後必要になる考察の一助としたいと思います。

　まず初めに確認しておくべきことは、従来、日本の裁判所は憲法第13条の「人格権」の保障内容の一としてのプライバシーに、「個人に関する情報をみだりに第三者に開示・公表されない自由」が含まれることを承認してきたものの、情報の自己コントロール権まで認めた例はないと解されている点です。ある大学で、外国の要人を迎えて講演会を開催したときに、警備の要請上講演会に参加する学生の学籍番号、氏名、住所等の個人情報を大学当局が学生にことわりなく警察の求めに応じて提出した事案がありましたが、裁判所はその行為の違法性を認めたもののプライバシーのどのような意味での侵害があったことをその理由と判断したのかについては法律家の間で見解が分かれているとされます。個人情報が「みだりに第三者に開示されない自由」を侵害したので違法

であるのか、自分が知らない間に個人情報が第三者に開示されたので違法であるのかは、番号法の運用の中で、おそらく重大な論点になると思われます。もし番号法が、個人番号に付与される多機能性（本人確認情報から、本人の生活実態ひいては人物の属性を推定させる情報まで）を深慮してマイナポータルという仕組みを創設するとすれば、番号制度は従来のプライバシー理解の枠を超えて、「自己コントロール権」という個人情報の内容を承認したと解される余地が生ずるでしょう。したがって、マイナポータルが今後法令上どのような位置づけを与えられ、具体の機能を付与されるのかには大いに注目していく必要があります。

ただし、仮に個人情報の自己コントロール権が一部認められるとしても、本人情報の利用実態に対するマイナポータルによる自己チェックが、幅広く、かつ正確に行えるのか、マイナポータルによってもチェックが不可能なものが多々残されるのかにより、その意義に対する評価は当然に異なってきます（上述のマイナポータルの機能的「対価」性の限界）。また、チェックを行うことができたとして、その後の救済方法の問題も残るでしょう。

つぎに、前記最高裁判決は、住民票コードが4情報の本人確認情報の管理や利用を目的として作成されており、しかも住基ネットが外部からの不正アクセスに対する安全性を十分に確保していることと併せて考えると、住民票コードの秘匿性の程度は4情報と異ならないとしていた点が重要です。番号法上の個人番号は、これと同様の基準を当てはめて判断したときに、同じ結論を得られるでしょうか。例えば、近い将来、行政及び民間における個人番号の利用範囲が「爆発的」に拡大され、番号の名寄せをつうじて個人情報が本人自身の属性・内面を実質上構成できてしまうような場合にも、個人番号の「秘匿性」は4情報と同様、「社会生活を営む上で他者に当然開示されることを予定された、また必ずしも個人の内面に関わりをもたない（＝「秘匿性」の高くない）個人情報」とみなせるのかが当然論点になります。このときには、情報通信システムのセキュリティのレベル評価、ヒューマンエラー回避の保障といった技術的な対応の判断と、番号の収集、管理、利用目的の正当性評価が一体的に関わってくるものと思われますが、それらの総合的な判断は、住民票コードの場合とは異なる可能性があるでしょう。

最後に、個人番号の利用分野の拡大が、法令に基づき厳格に行われるとされる点についての問題があります。2015年9月の国会では、番号法が改正され、番号利用を可能とする分野が拡大されました。金融機関の預貯金口座に個人番号を付して、本人の資産・収入の調査を行う際にその提供を求めることができるようにすること（生活保護法関係情報、中国残留邦人等支援給付等関係情報）、預金等に係る債権の額の把握等に関する事務における個人番号利用の整備（預金保険法等）などでが含まれています。この動向を見ると、今後も行政の効率化が旗印とされる一方で、個人番号利用の必要性審査は法改正の審議において軽微なものとなっていくことが危惧されます。他方では、皮肉なことに、利用拡大に対する慎重な検討姿勢は、同年5月に発生した日本年金機構への外部からの不正アクセスと、それに起因した個人情報の外部流出のごとき事件が現実に起こったときに初めて生まれるという事実です。最高裁判決に即して言うならば、「本人確認情報の管理、利用等は、法令等の根拠に基づき、住民サービスの向上及び行政事務の効率化という正当な行政目的の範囲内で行われている」との判断基準における「法令等の根拠」の付与・成立の妥当性評価を実質的に判断していかなければなりません。

　以上、番号法に関して批判的に検討すべき論点は尽くされていませんが、同法の成立までの過程に内在していた議論の特徴と、法律が成立した現時点で考察されるべき課題を、以後の運用の中で洗い出し、批判的に考察していく作業が強く要請されると思われます。

（恒川　隆生）

第4章

強行する政府のねらいは何か

1 マイナンバー制度がもたらす不安

1 ── マイナンバー制度のスタート

（1）12ケタのマイナンバーで制度発足

　マイナンバー法の正式名称は「行政手続における特定の個人を識別するための番号の利用に関する法律」です。この正式名称からその内容を推測できます。この制度は国民一人一人を12ケタの番号を付番して識別します。

　付番により識別した情報の活用はこの1～2年間、主に3つの領域で活用されるとしています。つまり、①所得税、住民税および社会保険などの源泉徴収金額の情報が所得発生箇所（事業所等）から通知、保管される、②年金、健康保険、雇用保険の支払・受給に関する情報が日本年金機構や厚生労働省と情報交換され、年金、雇用保険、国民健康保険、生活保護、介護等の各種サービスの給付、③災害発生時に被災者への支援金の支・受給、等です。

　マイナンバー番号活用の範囲は、いまは上記の3領域ですが、今後、①金融機関にある預金、利子や株式配当、売買損益を含む所得、②医療機関にある予防接種、特定健康診査などの診療記録等はもとより、診療カルテ、投薬情報、③個人情報保護法改正によって、区市町村の条例により保育、介護、教育など特定個人情報の運用にまで拡張されます。

　行政機関は個人情報を収集、蓄積、保管し、大量の情報蓄積、大規模情報運用機関に変身します。国民一人一人に関する多角的分野の情報が行政機関によって収集、蓄積、解析・加工され、広範囲に活用される行政および経済ないし市場システムに"成長"します。換言すると個人情報の収集・蓄積、解析・加工、流通・運用システムは、個人を管理・運用する巨大な行政的・経済的機能の"インフラストラクチュア（基盤施設）"の構築を意味します。

　問題は、国民の情報が行政機関や企業（とくに情報および同関連機器製造や

運用にかかわる大企業）がその組織や機関が行う事業、とくに収益事業等に利用・拡張されます。そのことで生じる権限、権力拡張や富の生産や再配分に使える社会的機能に変えられます。これがいわゆるビッグデータ時代の到来などともてはやされています。個人の情報およびその周辺情報が収集・蓄積され、解析・加工され、流通・運用されて構築されるマイナンバー体制は、行政権能の強化、運営の合理化とともに、新たな事業、産業の成長インフラとしても機能するでしょう。

　他方で情報を収集され、操作される側の国民・市民にも一定のメリットがあるかもしれません。仮にそうだとしてもマイナンバー制度利用が進み、ビッグデータ活用と結合されると、情報を利用・活用の新事業に展開する企業には、情報の収集・蓄積、解析・加工、流通・運用によって得られる市場拡大や収益獲得の機会がより大きなメリットとなります。メリットの総計は国民一人一人のメリット合計をはるかに上回るでしょう。それだけでなく情報操作の領域が一層拡大され、それを活用していま以上に大きな行政権能の強化や大企業の実質的収益の向上、さらに新たに国家と企業の権力、権能を強めることは確かです。国民主権者の制御能力を超えるリバイアサンないしはビヒモス（イギリスの哲学者 T. ホッブスが著作に命名した海と陸の怪獣の名称）になる可能性があります。

（2）マイナンバー制度特有の利便とリスクの乖離(かいり)

　抽象的であり、可能性にかかわる事項ですが、マイナンバー制度化と運用領域の拡大は、一方で個人情報の価値の高まりやその社会的性質が大きく変えられます。それに逆比例するように行政や企業が執(と)ることになるであろう権益の拡張、利便や収益をはるかに超える個人のリスク発生が予想されます。

　まず、マイナンバー制度下での多角的な情報量とその広範囲な運用に拡張されると、国民・市民自身より"番号"が本人よりモノをいう場合も起きてきます。番号取扱いの型、その利用・活用の関係では、個人が生身の身体や意思では制御不能な事態が生じ、自分自身の番号関係を自己統括できない奇妙な事態が出現することもあるのです。番号取扱いのミス、ポータルサイトの奇妙さはすぐに理解できない点もあるでしょう。ただその奇妙さが理解されていないう

ちにその機能は拡張されるでしょう。

　小さく生まされた日本のマイナンバー制度における基本中の基本は、国民一人一人に付番されますが、付番だけでは少ししか奇妙さを感じさせません。しかしその活用体制の展開を予想すると、生身の人間である国民一人一人と特定の番号とが同格かそれ以上になり、国民と番号の両者とが一致していないと行政上国民や市民になれない番号優先の逆転現象、逆立ちの事態、番号優先の状態が生じるかもしれません。

　付番とその効果、影響の全貌が不確定なまま、制度はスタートしました。全面的影響はまだであっても、広く不透明さを残した出発です。はっきりいえば行政組織、金融機関、各種カード会社の側には膨大な個人情報が収集され活用できる条件がつくられていますから、データを収集、蓄積、解析・加工し、運用・流通させ、データ自体の売買を含めた運用拡張が目指されています。個人にとってはその全体像や制度がもたらす機能や生活への諸影響に関して一つの"見えざる手"ならぬ"見えざる情報国家"が生まれると予想されます。大企業にとってはとてつもなく強力な事業活動の"インフラストラクチュア（基盤施設）"が出現したと考えられています。

　さらに情報システムの活用が広がると、どうしてもリスクの発生とその拡散を抑止できないのです。というのは情報システムには次のような性質があるからです。すなわち、①情報システムはリスクゼロ体制を築くのは不可能です（東京電機大学佐々木良一教授はゼロリスクの実現は困難だと指摘しています。2015年7月14日、日本経済新聞「経済教室」）。というのは、サイバー攻撃などの他に、必ず人間の操作が絡みますからヒューマン・エラーをなくせないからです。②個人情報が商品化される以上、意図的に情報を盗む行為を誘発し、貨幣や物品の窃盗行為より防護策を取りにくくなります。③情報拡散の速度は、貨幣や物品よりも、情報流失が生む損害の程度が飛躍的に高まります。④情報の収集・蓄積、解析・加工などが進むほど利用範囲が広がり、高度情報ほど漏えい、流失の損失が高まります。こうしたことにより、マイナンバー制度下の個人情報のリスクは、利用・活用する行政、企業などより個人の方がはるかに大きくなりがちです。

(3)「住基ネット」からマイナンバー制度へ接続

　マイナンバー付番がなくても国民はだれにも自分の名をつけてきました。これまでも複数の個人認証方法がありましたが、マイナンバー制度はさらにもう一つの個人認証方法が増えたことになるのです。それ自体は簡単な行政行為が追加されたにすぎないと思えるかもしれません。市役所、役場などで何らかの行政サービスを受けるとき、本人確認の免許証、健康保険証、パスポートなど身分証明証、署名・印鑑等、本人確認の手続きを踏むなどの認証手続きを求められます。それがカード使用で必要な行政サービスの段取りが簡素化される行政手法の登場とも見られます。当面の利用範囲は、税、社会保障分野、災害による要援護者への支援給付等に必要とされると説明されています。しかし、日本年金機構の大量の情報漏えい事故が発生して年金制度への接続は1年程度延期されましたが、個人情報保護法改正で地方自治体独自に利用拡大を図ることが可能となっています。

　ところで、2015年10月4日以降、区市町村長から住民基本台帳の住民票記載の住所宛てにJ-LISから国民一人一人に個人番号を知らせる「通知カード」が送られました。個人番号を知らせる「通知カード」は簡易書留で、①ゼロ歳から100歳を超える国民一人一人に残らず送付される（悉皆性）、②「通知カード」番号は国が指定した個人番号、いわゆるマイナンバーを付した「通知カード」が送られる（唯一無二の付番と通知手続き）、③通知された番号は本人確認を建前に2016年1月から写真付きの「個人番号カード」に切り替えられます。

　これら地方自治体におけるマイナンバー制度関連の作業で作業遂行の中核組織が上記のJ-LISです。それは2014年4月1日、「地方公共団体情報システム機構法」により設立されましたが、J-LISにはその前身があります。それは住民基本台帳ネットワーク（いわゆる「住基ネット」）運用開始に伴い2002年「住基ネット」管理組織として立ち上げられた財団法人・地方自治情報センターでそれを引き継いだ組織がJ-LISなのです。

　この住基ネットを引き継いだJ-LISへの接続経過には、その接続に住基ネットとマイナンバー制度に共通する狙いがあったことを推測させます。J-LISの前身である「住基ネット」システムでの地方自治情報センターはその設立以来、

国民生活領域の情報管理組織として国民を背番号で管理し、かつ観察ないしは個人および社会的行動とその履歴も監視できる権能をもったシステムという点で共通しています。J-LIS が「21世紀型国民管理の基盤システム」構築の産物だった事実を示しています。内閣府を頂点に財務省・国税庁、厚生労働省・日本年金機構、総務省、防衛省、警察庁などが国民管理・監視体制確立をめざしてきました。そこで今度は、管理・監視のコスト低減を実現する電子政府を執拗に構築し、稼働させる課題を進めてきた政府にとっての"成果"です。現状はそれに向けた本格的な一里塚と見ることができます。

2── マイナンバー制度における国と地方および国民、個人の位置

（1）マイナンバー制度における国と地方行政の関係

マイナンバー制度は、個人に関する各種情報を固有の背番号、マイナンバーで関連および周辺情報を蓄積し、必要に応じて個人情報を抽出・分離できるように管理されています。管理・監視者側においては部門間接続も可能となります。行政事務の実施効率は確かに向上する効果はあります。しかしマイナンバー制度の活用領域が今後広く拡張されるなど、将来の展開を考えると、民（個人）・民（企業）・官（国）・官（地方）という関係においてその仕組みとともに行政組織等と個人との関係全体を見ておく必要があります。各種の独立行政法人や13ケタの法人ナンバーを付与されている企業組織など行政機関を中心に、マイナンバー情報が情報空間で活用されます（情報連携と拡張）。これら情報の連携、活用は、この制度の利害当事者（行政、独立行政法人、企業組織と国民・市民）がそれぞれに等しい効用をもたらすものではありません。国家の事務・事業に関する行政行為や企業活動における利潤獲得拡張をもたらす機能においては、国の権限行使、企業活動で国民はいわば裸に近い状況にまで可視化され、情報空間関係に取り込まれることは明らかです。

ただし、それらは一定の法的、行政的手続きを経て、国は直接に、地方自治体において国の法定受託事務として、自治体としての業務を返上できない関係のなかで実施されます。国家・地方自治体および日本年金機構等の政府関係機関と国民との間の特殊な情報交換関係が形成されます。

基本的人権に基づく国民個人は行政と国民との間の新たな関係に注意しなければならなくなるでしょう。行政、企業等は、国民一人一人に固有の思想、信条などを捨象し（考慮から排除すること）、特殊な番号で管理し、処理する。個人情報に関する別の情報世界が形成されるのです。こうした情報世界の構築は事務的手段の合理化だけが狙いだけではありません。それは各章で検討されているように逸早くマイナンバーが導入・行使される公務労働の職場を見ている筆者の個人的見解ですが、国民にとって杞憂とは言えない危惧が指摘されています。

　様々な危惧を示す一例として縁遠いようですが、J-LIS の立ち上げに際して西尾勝理事長はそのホームページの以下の意見は興味を引きます。いわく、「地方公共団体情報システム機構は、番号制度の導入という国の大きな変革の中で、地方分権の理念に立ち、地方公共団体が共同して運営する組織」として設立されたと述べています。国を支援するために地方公共団体による支援組織の構築は、社会保障・税の一体改革という国の行政課題に〝地方分権〟の理念でそれを担うことを重ね合わせているのです。西尾勝氏の「地方分権」の理念が国家権力の意を代表して示しています。それだけ正直な地方分権の「理念」だといっています。だが、それでいいのでしょうか。

　J-LIS 設立の経過に見られることは、地方公共団体情報システム機構（= J-LIS）は「住基ネット」制度から出発はしたのですが、普及が乏しく、利用方法を転換して「住基ネット」の情報管理機構だけがマイナンバー制度管理機構に変態した組織です。国民管理システムの構築、さらに国民国家を企業国家に融合して、変質させる社会的インフラを構築し、新自由主義国家を推進できる装置としての「電子政府」の制度化を執拗に追求してきた結果が現れた仕組みといえます。内閣府を頂点にした行政府の意図がマイナンバー制度発足で本格的に整ったと考えていることでしょう。国民の抵抗によって普及が不十分であった「住基ネット」の制約から脱し、新自由主義国家が目指すべき「国民監視体制」、巨大な「電子政府システム」に移行させ、稼働させるところまでたどり着いたのです。マイナンバー制度は「住基ネット」の置土産をシステム管理の組織的インフラとして受け継ぎ、さらに 2011 年民主党政権下で策定された「社会保障・税制一体改革」に結合させたのです。

（2）マイナンバー制度活用による「社会保障・税一体改革」の先行事例

　いうまでもなく、国民にとって社会保障・社会保険は不可欠な生活の社会的インフラであり、ナショナル・ミニマムそのものです。しかし高度な高齢社会に移行しつつある 21 世紀に入り、とくに民主党政権から自民党安倍政権への政権移行のつなぎ目に位置した「社会保障・税の一体改革」合意ができましたが、消費税率引上げと年金・労働保険、介護保険などの社会保険、生活保護などの社会保障、医療制度など各種給付が年々細ってきています。税制面では国民負担を大きくする一方、社会保障面では所得やサービス給付は着実に改悪されてきました。消費税増税は社会保障に投入する"改善"を実現するかのような印象を広げてきたのに、それに逆行した政策をとってきているのです。消費税を源資とすれば社会保障制度に傾斜配分するかのように思わせて「社会保障・税の一体改革」で消費税率を引上げたのです。しかし国民の希望は幻想に終わり、かえって真の改革願望が強まるでしょう。

　財務省が提案した「社会保障・税の一体改革」という希代の詐欺師のような社会保障・税の制度改革を推進する"社会的インフラストラクチュア（基盤施設）"にマイナンバー制度が位置しています。主要な税財源に肥大化する消費税の重圧に、複数税率ないしは軽減税率の設定で、逆進性を軽減するかのような論議にまき込んでいます。マイナンバー制度を早速使った「還付システム」の提案は、財務省らしい狐のような"賢さ"を示しています。というのは、税の軽減を最小にし、軽減実施を論議させている間に消費税率 10％移行を円滑に実施できると考えているからです。

　その意味で、民主党政権と自民党政権とが結託して「社会保障・税の一体改革」といわれる社会保障改革、税制改革をマジック的に結合し、国民の希望とは逆の結果がもたらされました。この点でマイナンバー制度が今度は税による収奪強化を社会保障改善、社会保険の適用強化という希望に向ける賢さは、電子政府と軌を一にした給付削減を強行する"鬼っ子"の誕生といえるでしょう。それはマイナンバー制度という社会システムが、政策展開の自然史的過程とは異なった"人工授精的"政策で形成された点でこのシステム形成の特徴を表示しています。

3 ── マイナンバー制度がもたらす結果

（1）個人徴税体制の強化

　"鬼は人の顔をしている"のです。鬼が鬼の顔をしているならば鬼を十分に識別できるのです。だが、"人の顔"をしている鬼なので、顔をもった人の頭の中身を吟味しなければなりません。マイナンバー制度が国民にもたらす有用効果、メリットは何でしょうか。また近代社会には鋭い利害対立があるので、メリットがあれば必ずデメリットがありますが、マイナンバー制度がもたらす国民へのデメリットは一体どのようなものがあるのでしょうか。

　マイナンバー制度は国民生活のみならず、社会保障・税の一体改革全般にかかわるので、企業、国と地方の行政組織とそれを支える多くの公務労働者、経営者・企業の労働者につくられている多くの関係に影響を及ぼします。その影響は、①制度運用にかかわる国民・市民にとって新たな手間の出現、②個人情報に関する安全確保やシステムの安定性、信頼性への不安、③情報流通に伴う漏出、流出の高いリスク、④成りすまし、情報漏えいに伴う個人の被害、⑤損害に対する保障制度の未確立、⑥制度化が生む公務及び公務員の合理化、すなわち人件費削減、人員削減等、⑦電子国家が狙う行政経費削減が正規、非正規を貫いて公務（員）合理化のマイナス経済効果、等々、多くの論議すべき課題が山積しています。

　ではこの制度は何をもたらすのでしょうか。詳しくは各章を読んでいただかなければなりませんが、みなさんが個人的、基本的疑問から制度を評価し、検討していただくことがもっとも重要です。

　制度の制定者である政府は、2011年民主党政権下の「社会保障・税番号大綱」の副題で、国家が「主権者たる国民の視点に立った番号制度の構築」という考え方を示しています。ここからが"鬼"との格闘です。"鬼"は鬼の顔ではなくて、人間の顔、いいかえると国民の方に顔を向いているようにふるまって、国家権力が反国民の行政行為を行うのです。安倍首相は「国民の生命と安全」を守ると言って自衛隊員（国民）の命を奪う戦争に参加する機会を創設しました。納税は国民の義務だと憲法にも規定されています。護憲派でなくても納税は拒否

できないでしょう。税制は国民生活に欠かせない仕組みなのです。それは制度を維持し、教育、医療、文化・スポーツ活動等々を支える財政的基礎だからです。だから社会保障・税は国民にとってそれ自体が"鬼"の要求といえるわけではないのです。

　マイナンバー制度はどうでしょうか。果たして国民の視点や便益向上のためだけになっているでしょうか。その点検は欠かせません。マイナンバー制度では、「住基ネット」と同様、避けて通れば実効性のない制度になるのではないかという漠然とした"期待"もあるようです。しかし「住基ネット」とは異なり、マイナンバー制度は住民よりも国民すべてが強制的に番号を付され、番号による以外に行政執行の仕組み、行政サービスに"接近"できなくなると大きな不利益を被る可能性があります。この制度には"罠"が仕掛けられているのです。それは国民が願う行政、国家につながるものとなっていないかどうか、この点を吟味し、国家・地方自治体、企業、国民のそれぞれの利害当事者が各人の視点で見定める努力が欠かせません。

　制度成立の名目、名分が提示している「主権者たる国民視点」に立った番号制度という内容に真になっているのでしょうか。国民の個人情報収集・監視、各種の税・社会保障・保険制度や制度運用に関し、現状よりさらに負の効果が大きくなるという面があります。番号制度が拡張され金融機関が保持する個人の金融・証券等の資産とその運用利益・損失、不動産収益等の所得が名寄せされ、税の総合的一体把握となって個人情報が連携されます。もちろん個人の所得や資産運用全体を捕捉し、徹底して公正な課税行政、徴税の漏出を減少させることは重要です。税務行政は個人所得への適正な税率はもとより、所得稼得力がある企業税制、とくに法人税減税、租税特別措置やタックスヘイブンの利用による脱税、節税防止など、税制全体の公平性が必要です。また公平で適正な税制とともに、徴収した税が国民要求、とくに基本的人権規定に基づく国民生活や生活・都市施設の安全確保などに財政歳出が重点化され、財政歳出が民主的かつ公正に活用されることが基本です。納税義務と財政歳出の国民的納得性が均衡しなければなりません。

　この観点に立つとき、マイナンバー制度は結局、個人中心に税源がシフトする新自由主義的税制思考にもとづいて徴税を強化する手段にされます。金融資

産、不動産資産までも国家（つまり税を徴収する権力者側）に都合のよい新税源探しにとって"透明化"されたインフラになってしまいます。

これらを法人企業への課税捕捉率を低減し、広範な海外事業を営む多国籍企業の活動が生む巨大な所得、増え続ける海外資産に比べれば、企業の所得や資産を正確に捕捉し、合法的、非合法的な課税逃れを防ぎ、国際競争力強化を口実とする企業優遇の徴税システムは是正されなければなりません。これとは逆にマイナンバー制度運用による課税と徴税の強化は、主として個人および家族を含む世帯所得や資産運用、個人企業における収益監視、課税対象が拡張され、徴収の強化には間違いが少ないシステムとなるでしょう。

課税・徴収を強める徴収強化はいずれ税のみならず、社会保険料にも及びます。徴収強化とは逆に社会保障・社会保険および社会福祉や医療サービス給付の悪用等を防止する目的に欠かすことができない有効な行政執行の手段に活用できるメリットもあると指摘されています。これらは強権的なインフラストラクチュアとして機能する恐れがあるのではないか。こういう不安、危惧、不信が広がっています。スタートしたばかりですが、急速に不安、不信は広がっています。"今からでも遅くない！"のです。

（2）経済成長戦略に活用される個人ナンバー制度

企業成長重点の制度インフラの構築

国民一人一人、すべての国民に背番号（マイナンバー）をふり、国民一人一人の固有の番号により、制度運営に利用する。政府はこの制度にかかわってきた行政手続きを簡素化し、迅速化できるとしています。加えて税や社会保険制度、社会保障・社会福祉制度等、国や地方がかかわる各種制度の管理・運営にまつわる人的ミス、制度的隙間および国民・市民と制度の間に生じる齟齬を防止ないしは予防できるなど、制度導入により様々なメリットが得られることが強調されています。

制度導入が提案された"背景"制度の内容を法案によってみると、①適切に社会保障給付を受ける権利を"守る"（？！）、②社会保障・税の制度・運営の効率化、透明性を高め、（制度または国家・行政に対する）「国民の信頼」を高める、③社会保障・税の給付・負担の公平性を確保し、給付・負担の基準とな

る所得等の情報を的確に把握して制度を運営する、これが政府の制定理由です。

　これらの課題には、①現行の社会保障・税等の制度が国民生活向上に対して十分機能しているか否か、②制度上、国民負担における企業負担に比して公平さが保たれているか、③諸制度にかかわって不正行為の防止や予防に必要と思われる監視が十分に行き届くのか、④制度運営の公正や適切な監視を保てる根拠は何か。これら様々な課題をクリアできる制度でなければなりません。

　マイナンバー法と同時に個人情報保護法とが一体で修正され、2015年9月3日に成立しました。個人情報保護法はその名称とは別に、JR発行のSuicaなどをはじめ各種ICカード利用に伴って蓄積された個人の消費購買行動などを記録した情報を"情報商品"として利用して、事業領域を広げることに重点を置いた規制改革ねらいの法改正です。企業活動の中で蓄積された個人"情報"を集積し、ビッグデータとして「匿名加工情報」にすれば、本人の同意や了承なしに活用できるようになりました。マイナンバー制度がこれからどのように展開されるか、その近未来を考える上で重要です。

　マイナンバー制度と個人情報保護法という2つの個人情報の運用ないし活用の関連法案の成立は、この段階にとどまるばかりではなく、今後行政分野にとどまらず、さらに一層拡大する産業展開に活用されることが予想されます。マイナンバー制度は官民両方で展開されることが予想されます。

（永山　利和）

2　社会保障改悪のツールとなるマイナンバー制度

　マイナンバー制度が動き出しました。その利用範囲は、社会保障、税、防災の3分野の限定した項目でスタートします。その一方、マイナンバー制度は、安倍内閣の下で「世界最先端のIT国家」をめざす重要なツールとして位置づけられ、施行前に法改正が強行され、民間利用とその拡大の方向へと突き進んでいます。今、何が始まろうとしているのか、どんな全体像が描かれているの

か、国民には全く説明なしに導入が決まり、走り出しています。このマイナンバー制度は、社会保障分野の活用ではどのような影響があるのか、国民生活に何をもたらすのか、その内容や方向を浮き彫りにすることが本章の目的です。

　政府は、社会保障分野の活用は、行政に役立つ便利なツールとして宣伝してきました。導入目的の説明では、社会保障にとって、耳障り良い言葉で便利になることばかり並べ立てられています。しかし、社会保障の各制度の水準とマイナンバー制度は、直結しているわけではありません。生涯変わらぬ一つの背番号で管理される社会になれば一体どんな事態が起きるのか、国民のプライバシーは保護されるのか、先のことは何も明らかにされていません。宣伝文句にごまかされてはなりません。ごまかし、そのウソを見抜くには、社会保障制度の歴史を概観し、その文脈の中でこの制度を捉えることが必要です。また、政府のねらう「IT国家」戦略を紹介しながら、社会保障分野での今後の政策方向について検討します。

1 ── 番号法の成立経過にみる重大な変更

（1）マイナンバー制度の成立経過

　マイナンバー制度は、民主党政権時代の 2012 年 2 月 14 日に番号法案が国会提出され、2012 年 11 月の衆議院解散のため廃案となりました。この旧法案をベースにして、総選挙後の新政権（第 2 次安倍政権）は、2013 年 3 月 1 日に新法案を提出し、5 月 24 日に成立しました。旧法案と成立した番号法とを比較すると制度に対する位置づけ、基本政策の変化が分かります。

　その顕著な例は、第 3 条（基本理念）の追加事項に色濃く反映しています。追加された「社会保障制度、税制及び災害対策に関する分野における利用の促進を図るとともに、他の行政分野及び行政分野以外の国民の利便性の向上に資する分野における利用の可能性を考慮して行われなければならない。」との項目は、利用範囲の拡大を視野に入れ、行政分野以外つまり民間利用の促進を位置づけました。その他、個人番号カードの利用範囲の拡大や、行政事務以外の事務の活用の項目を追加しました。また、附則 6 条 1 項の利用範囲の見直し条項は、「施行後 5 年を目途に拡大を検討する」から 2 年間短縮して「施行後 3

年」に変えています。

(2) 運用開始前から法改正

　マイナンバー制度は、そもそも社会基盤（インフラ）となるものです。その社会基盤は、行政機関や民間事業者が個別に管理し、他には提供しなかった個人情報を「共通番号」で名寄せ・紐付けし、個人情報を生涯にわたり追跡して、あらゆる個人情報を一覧できる巨大なシステムを構築するものです。

　このマイナンバー制度の利用範囲をどうするかは、極めて重要な問題です。当然、法律で決めた分野でしか使うことができません。当初は番号法第9条（利用範囲）で厳格に規定する範囲、①医療保険、年金などの社会保障、②所得税・住民税などの税金、③被災者支援などの災害の3分野でスタートする方針でした。先ほど紹介した附則第6条には、「法律の施行の状況等を勘案し、個人番号の利用及び情報提供ネットワークシステムを使用した特定個人情報以外の情報の提供に情報ネットワークシステムを活用することができるようにすることその他この法律の規定について検討を加え、必要があると認めるときはその結果に基づいて、国民の理解を得つつ、所要の措置を講ずるものとする。」と規定しています。にもかかわらず政府は、法律の施行前の2015年通常国会に預貯金口座及び特定検診（メタボ検診）などの医療情報をマイナンバーで管理することや、予防接種履歴について地方公共団体間での情報連携する改正案を強行しました。

　マイナンバー制度は、公務（官）の限られた分野での利用にとどまりません。限定された分野での活用は今だけであり、官民のあらゆる分野で拡張する構想です。制度の全体像が全く見えていないことが危険極まりないのです。

2── マイナンバー制度の積極活用を推進する安倍政権

(1) マイナンバー制度を利用し社会保障分野の市場拡大を促進

　「経済財政運営と改革の基本方針（骨太方針）2015」（2015年6月30日閣議決定）は、「民間の力を最大限活用して関連市場の拡大を実現することを含め、社会保障関連分野の産業化に向けた取組を進める」としています。①自助を基

本に公助・共助を適切に組み合わせた持続可能な国民皆保険、②経済成長と両立する社会保障制度、③人口減少社会に合った公平で効率的な医療等の提供、④健康で生きがいのある社会、⑤公平な負担で支え合う制度という基本理念に基づいて取り組むとし、社会保障関連分野の市場拡大や産業化を進める方針です。

「日本再興戦略改訂2015」（2015年6月30日閣議決定）では、マイナンバー制度の積極的な民間利用を打ち出し、「利用範囲を税、社会保障からその他の行政サービスも順次拡大するとともに、民間サービスにおける活用についても検討する」としています。社会保障を拡充する立場を完全に放棄し、社会保障分野の産業化、市場化を進め、その利活用にマイナンバー制度を活用する構想です。

（2）IT国家構想に結びつくマイナンバー制度

安倍内閣は2013年6月、世界最高水準のIT利活用社会を実現するとして、「世界最先端IT国家創造宣言」（2015年改定版は、2015年6月30日に閣議決定）を行いました。この宣言では、国民一人ひとりが実感できる「真の豊かさ」を追求すると言っています。この「真の豊かさ」は、積極かつ果敢にITを利活用することにより実現するという構想です。2020年（東京オリンピック・パラリンピック開催の年）に世界最高水準のIT利活用社会の実現とその成果を国際展開することを目標として取り組む計画です。マイナンバー制度は、その構想の重要な構成部分となっています。

具体的には、①マイナンバー利活用範囲の拡大、②個人番号カードの普及・利活用の促進、③マイナポータルの構築・利活用、④個人番号カード及び法人番号を活用した官民の政府調達事務の効率化、⑤法人番号の利活用推進をあげています。政府は、マイナンバー制度の運用開始を契機にして「世界最先端IT国家創造宣言」を推進する構えです。言い換えれば、マイナンバー制度の構築は、世界最高水準のIT利活用社会の実現のため重要な柱になっています。

3 ── 社会保障政策の変遷とマイナンバー制度

（1）社会保障政策の歴史的変遷

　国民生活が豊かなものになるか否かは、社会保障の水準で大きく変わります。この間の社会保障の変遷について、1980年代以降から今日までを概観します。社会保障行政の後退が本格的に始まったのは、第2臨調（第二次臨時行政調査会）が1981年に設置され、基本答申が82年7月、最終答申が83年の3月に出されて以降です。自民党・中曽根内閣、当時は臨調行革路線として「活力ある福祉社会の実現」という改革理念を示し、自立・自助を原則にして社会保障制度の改悪をすすめました。臨調行革路線と呼ぶこの改革は、新自由主義改革の起点になるものです。1980年代を通じて医療、年金、福祉等、社会保障のあらゆる分野の改悪が連続して行われ、1990年代には勢いを増す新自由主義改革が社会保障を襲いました。21世紀初頭には小泉内閣による規制緩和や民営化攻撃、構造改革の嵐が吹き荒れ、社会保障制度を解体する攻撃となりました。この結果、貧困と格差が広がり、すべてが自己責任となる社会への不満と怒りは、歴史的な政権交代（民主党政権）をつくりました。政府の社会保障政策はその後、社会保障と税の一体改革として推進されています。再び政権交代が行われて以降は、安倍政権の暴走が続いています。

（2）社会保障の解体攻撃が続く現在

　社会保障改革は今、消費税増税が大前提となり、国民負担増と給付抑制の制度改悪路線として進んでいます。2012年8月に成立した社会保障制度改革推進法は、社会保障の考え方を根本から歪める役割を果たしています。社会保障は本来、国が責任を持つべき制度です。にもかかわらず、自助・共助・公助を組み合わせる仕組みに変える憲法25条の理念を否定する悪法です。社会保険制度では、保険原理、保険主義を徹底し、給付と負担の見直しを続けています。社会保障の対象範囲を限定し狭め、民間保険の積極的な活用を誘導しています。社会保障分野の歳出削減を最大のターゲットにして、制度改悪と一体で市場拡大を図っています。2013年12月に成立した社会保障改革のプログラム法（「持

続可能な社会保障制度の確立を図るための改革の推進に関する法律」が正式名称）では、社会保障改悪のメニューと工程を示しています。この方向は、憲法25条を否定し社会保障そのものを変質・解体させる攻撃です。

（3）マイナンバー制度と社会保障との関係

　政府は、マイナンバー制度で社会保障が良くなるかのように説明しています。導入趣旨は「公平・公正な社会を実現するために社会基盤（インフラ）」と言い、その効果について、「より正確な所得把握が可能となり、社会保障や税の給付と負担の公正化が図られる」「真に手を差し伸べるべき者を見つけることが可能となる」と言い、「より公平・公正な社会」「社会保障がきめ細やかにかつ的確に行われる社会」を実現すると説明しています。

　しかし、番号法第1条（目的）のどこを見ても社会保障の充実にふれる文言はありません。「社会保障・税番号大綱」（2011年6月30日決定）にもマイナンバー制度の限界について、「番号制度を導入しただけで、これらが即座に実現できるわけではなく、社会保障制度や税制等の諸制度の改革を併せて検討していくことが必要である。」と指摘しています。

　公平・公正な社会とは、社会保障制度の水準、政治の方向、制度や政策の中身によって決まります。マイナンバー制度は、貧困と格差を解消する手段とはなりません。社会保障をどうするかの方向性も法的拘束力もありません。

（4）「総合合算制度」は「社会保障個人会計」につながる

　「社会保障・税番号大綱」は、「社会保障の給付や負担の状況に関する情報を、国・地方公共団体等相互で、正確かつ効率的にやり取りすることで、個人や世帯の状況に応じたきめ細かな社会保障給付の実現が可能になる」としました。その具体化として、社会保障の各制度単位ではなく家計全体（世帯単位）をトータルに捉え、医療・介護・保育・障害に関する自己負担の合計額に上限を設定する「総合合算制度」の導入を掲げました。これは、マイナンバー制度で負担と給付を把握・管理し、自己負担の上限を設け、負担の軽減を図るものです。一方でこの仕組みは、給付を負担の範囲内に抑制し、給付削減のツールとなる「社会保障個人会計」にもつながります。社会保障政策の方向いかんで

は、「総合合算制度」が転じて、財界のねらう負担増・給付抑制を目的とする「社会保障個人会計」に生まれ変わる危険性をもっています。

4── 健康・医療・介護分野での利活用の動き

　医療、介護、健康などに関する個人情報（医療等情報）は、機微性の高いプライバシー情報であることから、利用範囲から除外されました。しかし、安倍内閣は、利用範囲の拡大を推進する動きの中で、医療等情報との密接な関係を築こうとしています。特に「日本再興戦略改訂2015」（2015年6月30日閣議決定）の中で、国民の「健康寿命」の延伸を重要テーマに位置づけ、マイナンバー制度を活用し医療等分野での集中的な取り組みを行おうとしています。

（1） 医療分野の情報連携の推進
①マイナンバー制度を利用し、医療等分野の番号制度を導入
　マイナンバー制度のインフラを活用して、医療等分野における番号制度を新たに導入し、これを基盤として医療分野の情報連携を推進するとしています。この番号制度は、マイナンバー制度のインフラを利用することでマイナンバーとシステム上、連動する仕組みです。2018年度から段階的に運用を開始し、2020年までに本格運用をめざす計画です。

②医療等分野の番号を活用して医療等情報の連携促進
　医療等分野でのデータの電子化・標準化を通じて、検査・治療・投薬等診療情報の収集・利活用を促進することや、患者の利便性向上などの観点から、医療等分野の番号を活用した医療介護現場での情報連携の促進を図る計画です。このため、400床以上の一般病棟では、電子カルテの全国普及率を2020年度までに90％に引き上げる目標を掲げています。併せて、「地域医療情報連携ネットワークシステム（病院と診療所間の双方向の連携を含む）」を全国各地で普及する計画です。

③マイナポータルで医療情報を生涯にわたって把握・管理

　患者本人の特定検診データについて、国民一人ひとりに自己情報を把握・管理する個人サイトであるマイナポータル（情報提供等記録開示システム）を含むマイナンバー制度のインフラ等を活用し、2018年度を目途に個人が把握・利用できるようにすることを目指しています。これにより、自らの医療情報を生涯にわたって経年的に把握し、健康管理に活用する計画です。

　その他、「医療等分野データ利活用プログラム（仮称）」を策定し、国などが保有する医療等分野の関連データベースにおいて、患者データを長期間追跡し、各データベース間での患者データの連携を図る基盤整備を図ります。また、ヘルスケア産業・ビジネスの活性化につなげるために医療等分野のデータ利活用の環境整備を図ります。医療等分野の有益なデータの民間利用を積極的に推進する計画です。

（2）健康保険証との一体化は個人番号カード普及がねらい

　「日本再興戦略改訂2015」では、2017年7月以降、早期に医療保険のオンライン資格確認システムを整備し、このインフラも活用して、マイナンバーの個人番号カードを健康保険証として利用できるようにする方針です。

　具体的な仕組みは、健康保険証の記号・番号などを個人番号カードに組み込み、健康保険証と一体化するものです。患者と医療機関の対応の流れは次のような検討がされています。①患者は、保険医療機関・薬局に受診する際、個人番号カードを提示する、②その窓口で患者本人の確認を行う、③個人番号カードにあるICチップの機能を利用して、電子的に本人確認の手続を行う、④その後、医療機関と医療保険の資格情報を管理する支払基金（社会保険診療報酬支払基金・国保中央（国民健康保険中央会）との間で電子的なやりとりを行うものです。この機能を使うためには、設備の設置が必要になり、その費用は保健医療機関・薬局の負担となります。これにより、個人の医療情報の収集・連携・共有を可能とするインフラが構築されることになります[1]。

　個人番号カードと健康保険証との一体化は、マイナンバーを一気に普及させ

1）上記の健康保険証との一体化の説明は、全国保険医団体連合政策部事務局の寺尾正之氏の「地域医療とかかわるマイナンバーの問題点」中小商工業研究第125号（2015.10）を参考にしました。

たいとする思惑が働いています。マイナンバー制度利活用ロードマップでは、2019年3月末には、個人番号カードを全国民の3分の2に当たる8,700万枚を普及する目標値を掲げています。

こうした構想に対し、日本医師会、日本歯科医師会、日本薬剤師会の三団体は、個人番号カードと健康保険証の一体化には反対しています。その理由は「医療の現場で個人番号カードを利用する環境を安易に構築することは、医療等の情報と個人番号が結びつく危険性が高くなると言わざるをえない。個人の医療情報は、多くの企業にとってマーケティング価値の高い情報である。単に受診した診療科が明らかになるだけでも、十分に価値がある情報である。またなによりも、社会的地位を脅かしかねない情報でもある。」としています。その上で、医療等の分野では、医療等の情報と個人番号が結びつく危険性をできるだけ小さくするため、医療等ID（機微性の高い医療情報を扱う番号には、他の分野とリンクしない医療等分野専用の番号）が必要と考える」としています。医療情報についての見識を示し、政府方針の根本的な修正を迫っています。

おわりに──マイナンバー制度の根本を問う

私たちは、健康保険証、基礎年金番号、運転免許証、パスポート、金融機関の口座番号など、様々な番号を日常生活で活用しています。その番号は、それぞれの業務目的のために付けた（付けられた）分野別番号であり、利用は限定的なものです。マイマンバー制度は、これとは全く異なる日本で最初の官民共通番号制度です。

マイナンバー制度の危険性は、「社会保障・税番号大綱」に銘記されています。情報の漏えい・濫用の危険性が高まることや、国民のプライバシーの侵害や成りすましによる深刻な被害が発生する危険性があることを指摘しました。仮にと断り、「様々な個人情報が、本人の意思による取捨選択と無関係に名寄せされ、結合されると、本人の意図しないところで個人の全体像が勝手に形成されることになるため、個人の自由な自己決定に基づいて行動することが困難となり、ひいては表現の自由といった権利の行使についても抑制的にならざるを得ず（萎縮効果）、民主主義の危機をも招くおそれがあるとの意見があることも

看過してはならない。」と指摘しています。大綱には、「主権者たる国民の視点に立った番号制度の構築」とのサブタイトルが付いていますが、今こそ、この視点が大切です。

　国民、住民にとって頼りになる社会保障行政とは何か、公正・公平な社会とは何か、きめ細かいサービスとは何か、この中身が問われています。

　安心して医療が受けられ、金の切れ目が命の切れ目にならないこと、切実な介護保障の制度が確立されること、老後が安心でき年金制度が充実すること、生活に困窮した人が健康で文化的な最低限度の生活を営むために生活保護制度がセーフティーネットの最後の砦になること、こうした水準が国の隅々にまで行き渡ることが最も大切です。権利主体は国民・住民であり、お客様サービスとは異なります。マイナンバー制度で問われているのは、行政は誰のために、何のためにあるのか、この根本問題なのです。

（杉浦　公一）

3　自動車登録にまで使われるマイナンバー

はじめに

　自動車は、人や物の運送に寄与し、日本国内における人や物の流れの根幹を担うなど、国民生活にとって必要不可欠なものです。我が国では自動車の著しい普及によって、今では全国で約8,100万台にも及ぶ様々な自動車が存在しており、自動車と経済・生活の結びつきはよりいっそう強くなっています。その一方で、自動車は公の道路で不特定多数の人に利用されており、自動車事故や環境への悪影響、さらには犯罪等にも悪用されるなど、社会的な問題も抱えています。こうしたなかで、自動車検査登録制度は自動車社会の安全・安心の確保、さらには公害防止等に寄与するなど、きわめて重要なものとなっています。

自動車検査登録制度は自動車の「検査」(いわゆる「車検」)と「登録」で成り立っていますが、このうち、「登録」制度には、「所有権の公証」という民事登録と「自動車の保有実態の把握」という行政登録の二つの目的が存在しています。民事登録では、自動車の財産的価値に着目して所有権の公証を行い、第三者対抗要件を与えることで、ユーザーの所有権を保護し、法的安定性を確保しているほか、自動車の流通の安定と円滑化が図られています。なお、自動車登録では、不動産登記に準じた取り扱いによって、抵当権の設定等も可能となっています。一方の行政登録では、自動車の保有・利用実態の把握と盗難等の防止、自動車による犯罪の防止、自動車税等の課税対象の把握及び自動車の安全の確保を図ることなどを目的としています。

　自動車は、「道路運送車両法」により普通自動車・小型自動車(以下「普通車」という)、軽自動車などに区分され、「自動車(軽自動車、小型特殊自動車及び二輪の小型自動車を除く)は、自動車登録ファイルに登録を受けたものでなければ、これを運行の用に供してはならない」(同法第4条)と定められています。なお、軽自動車は軽自動車検査協会に届出を行い軽自動車検査ファイルや、二輪の小型自動車は、二輪自動車検査ファイルに記録を行うこととされています(同法第72条)。

　このうち、普通車にかかる登録の種類については、登録を受けていない自動車を登録する「新規登録」、車両の所有者の名義を変更する「移転登録」(いわゆる「名義変更」)、所有者の氏名・住所、使用の本拠の位置や車体番号、車両の型式、原動機(エンジン)の型式、車名(例:トヨタ、ニッサンなど)を変更した場合に行う「変更登録」、自動車の使用を中止したり、滅失や解体時に行う「抹消登録」に大別されます。

　普通車の登録にあたっては、登録の名義人本人またはその代理人が運輸支局等に出頭して申請することを原則としていますが、2005年12月から一部の地域において、インターネットによる一括申請を可能とした新車新規登録のワンストップサービスが実施されています。なお、自動車登録にかかわる事務は、地方運輸局の各運輸支局、自動車検査登録事務所(沖縄県については内閣府の地方支分部局である沖縄総合事務局運輸部陸運事務所、支所)の全国93カ所において、約600名の職員が行っています。

1 ── 自動車保有関係手続きにかかわるワンストップサービス（OSS）

　前述のとおり、普通車の登録申請は、登録の名義人本人またはその代理人による出頭主義となっていますが、ここでは自動車保有関係手続きに係るワンストップサービス（以下「OSS」という）について、触れたいと思います。

　通常、自動車の登録申請に際しては、必要な関係書類（印鑑証明書や車庫証明書）の取得など、運輸支局等に申請する前に様々な機関で書類を集める必要があります。この手間を簡略化するためインターネット等を介して一括して手続きを行うことを可能としたシステムがOSSであり、自動車ディーラーや警察や税事務所、公的個人認証局などの関係機関をネットワークで接続し、自動車登録申請で必要な紙書類のやりとりを原則として電子データでのやりとりで登録を行うものとなっています。この制度の導入に際しては、当初は印鑑証明書に代えて住民基本台帳カード（公的個人認証サービス付き）を取得することでOSS申請を利用可能としていましたが、同カードの普及が進まない状況のなかで、OSSの利用率も低水準となっていたため、およそ2年後の2007年11

図5-1-1 自動車保有関係手続のワンストップサービス概念図

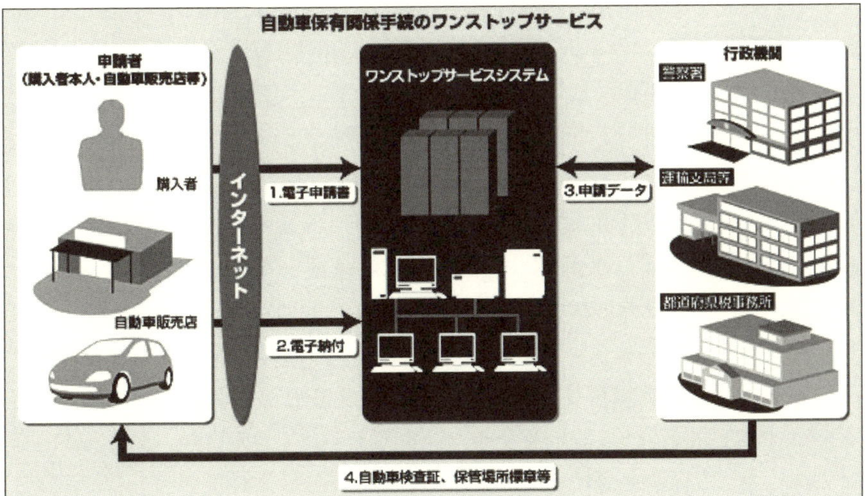

（国土交通省HPより引用）

月からは同カードがなくとも印鑑証明書等を利用してOSS代行申請を依頼できる方法が新たに導入されています。

2015年10月現在、OSSの利用は対象となる11都府県の新車新規登録に限られていますが、今後、2017年度中には全国への展開、及び対象となる手続きについても移転登録、変更登録、抹消登録まで対象に利用できるように措置されることとなっています。

2──自動車にかかわる税とマイナンバー制度について

マイナンバー制度は当面の間、税と社会保障分野に関して活用されることから、自動車に関わる税についてここで整理しておきます。現在、自動車には次のとおり9種類の税が課せられており、2015年度の当初予算では、自動車ユーザーが負担する税金の総額はおよそ8兆円にのぼっています。

これらの税のうち、現時点で自動車登録業務においてマイナンバーと関係することが決まっているのは、使用済自動車に係る自動車重量税の還付申請となっています。この制度は、2005年に施行された「使用済自動車の再資源化等に関する法律」（自動車リサイクル法）の施行と同時にスタートしたもので、新規検査や継続検査等の際に車検の有効期間（1年～3年）に応じて納税した自動車重量税について、同法に基づき、使用済自動車を適正に解体し、解体を事由とする永久抹消登録申請または解体届出と同時に還付申請をすることで、車検の残存期間（1カ月以上）に応じて所有者が自動車重量税の還付を受けることができるというものです。これまでは、申請書（OCRシート）に自動車登録番号等の必要事項のほか、振込先口座等を記載したうえで、還付を申請することができましたが、2016年1月以降は個人番号または法人番号を記載するように様式変更された申請書を使用することとなり、マイナンバーの記載が必要となっています。なお、マイナンバー法に基づき、個人番号の提供を受ける者（運輸支局長等）は、当該提供をする者から個人番号を確認できる書類（個人番号カード等）及び本人の身元を確認できる書類（同カード、運転免許証等）の提示を受けることになります。

> **自動車関係諸税の概要**
>
> （車両に関わる税）
> - 消費税（国税）　　　……車両購入時に課税
> - 自動車重量税（国税）　……新規検査・継続検査等の時に課税
> - 自動車取得税（都道府県税）……自動車購入時に課税（消費税率10％増税の時点で廃止予定）
> - 自動車税（都道府県税）……普通車を保有している限り毎年課税
> - 軽自動車税（市町村税）……軽自動車・自動二輪車を保有している限り毎年課税
>
> （燃料に関わる税）
> - 揮発油税＋地方揮発油税（国税）……ガソリンについて石油精製業者等に課税
> - 軽油引取税（都道府県税）……軽油を購入時点で課税
> - 石油ガス税（国税）……LPGに課税

3── 自動車登録とマイナンバー制度について──今後の展開

　現時点では自動車登録業務におけるマイナンバーの利活用は、前述の自動車重量税の還付申請時に限られています。これは各種登録申請において添付する書類が印鑑証明書であったり、実印を押印する書類であったり、あるいは警察署が発行する車庫証明書であるため、税や社会保障分野での活用分野とは異なるためです。

　しかしながら、マイナンバー制度は3年後にはその利用について見直しが行われることとなっており、その内容次第では自動車登録業務にも大きな影響を与えると考えられ、特にコンピュータネットワークを活用するOSSを利用した登録申請については、マイナンバー制度と親和性が高いものと考えられます。

　すでに国土交通省自動車局は、2014年6月に「自動車関連情報の利活用に関する将来ビジョン検討会」の「中間とりまとめ」を発表していますが、その

図 5-3-1 自動車関連情報の利活用に関する将来ビジョン検討会資料（抜粋）

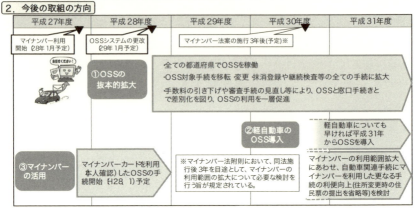

（国土交通省HPより引用）

なかで、「自動車関連手続きの利用環境の向上」として、OSSの拡大とともに、さらに「マイナンバーの活用」として、マイナンバーカードを利用（本人確認）したOSSの手続開始（2016年1月予定）をすすめ、2017年度から18年度にかけては、「マイナンバー法附則」において、同法施行後3年を目途として、マイナンバーの利用範囲の拡大について必要な検討を行う旨が規定されているとして、2019年度からは、マイナンバーの利用範囲拡大にあわせ、自動車関連手続きにマイナンバーを利用したさらなる手続きの利便向上（住所を変更する変更登録時の住民票の提出を省略する等）を検討するとしています。

この中間とりまとめを受けて、ある検討会委員からは「自動車の登録手続きにマイナンバーを活用することで、登録手続きの一括化ができるようになると思っており、これはユーザーにとって非常にメリットを感じやすい格好の事例であるし、積極的に推進すべきである」との発言がなされています。

さらに、2015年6月30日には世界最先端IT国家創造宣言の改定が閣議決定され、そのなかで、個人番号カードの普及・利活用の促進として、「自動車

検査登録事務では、2017年度にワンストップサービスを抜本拡大し、個人番号カードの公的個人認証機能の活用や提出書類の合理化等を進める」と明記されています。これらの経過を見れば、具体的な内容は不透明ではあるものの、今後、自動車検査登録事務におけるマイナンバーの利用範囲の拡大がよりいっそう進められることが容易に想定されます。

4 ── 今後予想される課題

　以上、現時点における自動車登録業務の概要とマイナンバー制度とのつながりを述べてきましたが、最後に今後予想される課題について、考えてみたいと思います。

　まず、一番懸念されるのは、やはり個人番号の漏えいの問題です。自動車登録の実務では所有者本人が運輸支局等に出頭し、申請手続きを行うケースは少なく、その多くが行政書士や自動車ディーラーなどの代理人を通じて行っている実態があります。自動車重量税の還付申請も例外ではなく、多くの申請が解体業者などを通じて申請されています。マイナンバーには厳重な取り扱いが求められますが、前述のとおり、2016年1月以降は自動車重量税の還付申請の際、申請書に個人番号の記載が必要となるなかで、日々の多くの申請を通じて、積極的に漏えいすることはなくとも、個人番号を記載した申請書の忘れ物や落とし物といった形を含めて外部に漏えいする可能性は否定できません。

　将来にわたって、自動車検査登録事務におけるマイナンバーの利用範囲が拡大されることで、ユーザーにとって利便性が向上する側面は少なからずあるものと思われますが、その一方で、情報漏えいのリスクは高まる危険性があります。行政書士等の申請代理人を含めて、情報漏えいした場合の罰則は個人情報保護法と比べれば極めて厳しいものとはいえ、罰則を強化するだけで国として有効な対策を講じないまま、マイナンバーを運用することはきわめて不十分と言わざるを得ません。

　また、前述のOSSについては、マイナンバー制度と密接に結びついていく方針が示されており、漏えいしたマイナンバーを用いた「成りすまし」などによる不正行為や、ユーザーが知らない間に自動車の所有権の移転登録等がなさ

れるなどの事態にでもなれば、自動車登録制度の目的である「所有権の公証」という制度の根幹を揺るがす事態ともなりかねません。実際に、スウェーデンや韓国では他人の名義を利用して金融取引を行う等の「成りすまし」犯罪が深刻となっており、厳重に対策をとることが求められます。

　さらに、自動車登録情報とマイナンバーの紐付けについても留意する必要があると考えられます。現状においても自動車の所有によって生活保護が認められないケースもありますが、マイナンバーから自動車の保有実態等を把握することが可能となれば、自動車が必要な生活保護申請者に対して現状よりもさらに生活保護が認められないといった事態や、自動車の所有実態に着目したあらたな課税強化につながる可能性もあります。あるいは、自動車検査登録情報が各行政機関との連携によって各種行政・制度を支えるなかで、各行政機関がマイナンバーを通じて得た情報を本来の自動車登録制度の目的から逸脱して利活用することになれば、制度の根幹に関わる問題になると考えられます。

　現時点ではそのような検討は行われていないものの、今後、自動車登録情報とマイナンバーが紐付けされれば、国民生活に大きな影響を与える可能性があります。

　このほか、直接的な影響ではないにしろ、OSS あるいはマイナンバー制度の利活用の拡大は、今後行政減量効率化と一体となって進められることが考えられ、窓口等における行政サービスの低下につながることも懸念されます。現実問題としても、2013年12月に閣議決定された独立行政法人改革等に関する基本的な方針では、現在、国において実施している自動車登録事務の一部独立行政法人化が盛り込まれたほか、体制のスリム化等が求められています。さらに、官から民へのかけ声のもとで、事務の民営化が進められれば、自動車登録情報を民間企業が取り扱うことになり、情報管理を含めて、国の責任が問われる事態につながることも否定できません。

　こうしてみると、将来にわたるマイナンバーの自動車登録制度への影響は想像以上に大きいものとなることも考えられることから、今後の自動車登録制度とマイナンバー制度の関係については、国民にとってどのような影響を及ぼすことになるのか、検討の推移を慎重に見極める必要があると考えます。

（山﨑　正人）

第 5 章

諸外国の番号制度は
どうなっている

はじめに

　この章では、主要各国の番号制度（番号とカード）を紹介、検討することを通して、マイナンバー制度の問題点を浮き彫りにします。テレビや新聞、雑誌では時おり「マイナンバー制度のような番号制度は多くの国ですでに実施されています」とか「日本は番号制度後進国なので、早く追いつき、そして世界最先端の番号制度にし、国民に利便性をもたらしたい」という解説があります。しかし、こういった解説をする評論家やコメンテーターは本当に各国の番号制度を実際に調査、研究したのでしょうか。

　各国の制度を調査、発表しているのは、政府（内閣官房、内閣府、財務省など）のほか『諸外国における国民ID制度の現状等に関する調査研究報告書』（国際大学グローバル・コミュニケーション・センター 2012年4月）が22か国調査を実施したほか、野村総研やみずほ情報総研、国際社会経済研究所、民主党国会議員などによるものがあります。ただ、どの国の制度が公的サービスや市民生活向上に役立っているのか、一方でのデメリットなどを正確に指摘したものはなかなか見当たりません。プライバシーNGOの「プライバシーインターナショナルジャパン（PJJ）がそれら公的機関や民間調査機関と比べても、プライバシーや人権の視点に立ったしっかりした調査や海外資料を提供しています。そこで、本章ではPJJによる紹介資料と筆者自身の調査から問題点を中心に制度比較を試みます。

1　住民基本台帳ネットワークシステムとの相違

　わが国の共通番号制度は、2002年8月にスタートした「住民基本台帳ネットワークシステム」（住基ネット）で初めて本格的に導入されました。付番方式は「住民登録」している人に、11桁の「住民票コード」を付けるというもので、住民登録者に関しては、強制的付番という制度です。

ただ、住基ネットは住民票コード、氏名、住所、生年月日、性別、住民票コード等の変更履歴の6要件を行政機関内部でのみ照合、利用するという制度設計にしたため、住民票コードは「見えない」「見せない」番号となり、そこに付随する個人情報も先の住民登録情報に限定されることになりました。

実施からすでに13年が経過しています。しかしその間、住基カードの偽造、改ざん、職員による住基ネット情報の流出や目的外利用、私的閲覧などはありましたが、住民票コードそのものの悪用はありませんでした。それはなぜかといえば、住民票コードを盗んでも、利用価値が極めて限定されているからです。ただし、2015年6月に長野県上田市で発生した住基ネットへのサイバー攻撃など、世界レベルではやはり攻撃対象のシステムであることは間違いありません[1]。

住基カードについても、2003年8月から交付されていますが、総務省データでは14年3月31日現在で累計交付枚数が約834万枚、有効交付枚数が約666万枚となり、666万枚を全人口（約1億2,837万人 13.3.31住基人口）で割ると約5.2%の実質交付率に留まり、政府や自民党からしても「失敗」のカード制度でした。

住基カードの偽造、変造、成りすましなどの犯罪は公表されているもので100件程度となっています。アメリカなどの成りすまし天国からすると決して多い件数ではありません。交付率わずか5%程度ですから、それに比例した犯罪件数ということでしょうか。被害数より注目していただきたいのは、番号に被害例がほとんどなく、カードにはあるという点です。

マイナンバー制度は、2016年1月の個人番号利用スタート時には、社会保障、税、災害対策の一部に限定して利用するとされています。しかし、本法施行前に改定法を成立させ、2018年度から預金口座への個人番号紐づけが始まります。つまり、法定の行政分野から民間分野での利用拡大へと踏み出したのです。

---

1) 長野県上田市の被害については、「日経コンピュータ」2015年10月7〜9日掲載の清嶋 直樹レポート「マイナンバー前夜、自治体を襲うサイバー攻撃」に詳しい。(1) 長野県上田市を襲った標的型攻撃メール、住基ネット強制遮断の憂き目に、(2) 上田市は氷山の一角、限られた予算で迫られる対応、(3) マイナンバー施行まで1カ月、サイバー攻撃対策の決め手は見えず。
　また、自治体へのサイバー攻撃については、共同通信社が全市区町村調査を実施（回答率96%）、15年9月21日に公表。およそ100自治体でサイバー攻撃を受けたという。

今後も法改定が見込まれ[2]、生保や損保、証券会社、さらに拡大の可能性があります。そして官民の広範囲な分野で利用する個人番号は、原則として生涯不変で可視化（見える、見せる）されているのです。そうすると、官民問わずありとあらゆる場面で、名前と個人番号がセットになっているデータベースが構築されます。それが個々に流出すると、個人番号をマスターキーに個々人の個人情報が名寄せされ、蓄積されることで、成りすましや詐欺犯罪はいっそう容易に行えるようになります。アメリカや韓国での成りすまし事案はみな、こういう経過をたどっています。

ですから、各国の番号制度を検討する際、番号が変更できるのかできないのか、見えるのか見えないのか、利用分野を限定しているのか、官民分野で幅広く利用されているのかが重要なポイントになります。

カードは、所有が義務化（強制）されているのか任意なのかが重要です。義務化のうえ常時携帯義務になっている場合は、国家権力による管理、監視、治安維持に使われる可能性が高まります。また、カードそのものがないか、紙製か、プラスチック製か、ICカードかの違いも重要です。

さて、本題に入ります。ただし紙面に限りがありますから、個別事例としては韓国、スウェーデン、アメリカ、オーストラリア、イギリスを主に取り上げることにし、その前に基本的な説明をしておきます。

番号の付番方式と目的は各国様々です。住民登録制度に番号付けする制度は、居住者管理のみに使用する場合と行政分野全般、さらには民間分野での利用に拡大することもあり、この方式はスウェーデンやデンマーク、さらにはオランダ、韓国などで採用され、日本もこのグループに属しています。アメリカ、カナダ、イギリスなどには住民登録制度がなく、社会保障のための番号制度が広

---

2) 民主党政権が2012年2月に閣議決定、国会上程した最初の番号法案は、「社会保障・税番号」法案でした。その是非はさておき、社会保障「充実」を民主党なりにめざしたといえます。ところが、13年5月に番号法が成立、公布して以降、安倍政権は番号制の方向を大きく変えていきました。IT総合戦略本部に軸足を移したことがその典型です。そして、「自民党IT戦略特命委員会、マイナンバー利活用推進小委員会」が15年4月22日にまとめ、5月20日開催のIT総合戦略本部マイナンバー等分科会に「マイナンバー制度利活用推進ロードマップ（案）」として資料提出され、以降、次のように政府方針になりました。

◆5月29日、産業競争力会議課題別会合提出「IT利活用促進に向けた取組について」（内閣官房IT総合戦略室）

◆6月30日閣議決定・経済財政運営と改革の基本方針2015（内閣官房、内閣府本部）、日本再興戦略改定2015（内閣官房）、世界最先端IT国家創造宣言改定（IT総合戦略本部）

範囲に使用されています。ドイツやオーストラリアは納税目的の番号制度を採用しています。

カードですが、フランスでは、電子健康保険カードと国家身分証カードの2種類が発行されています。両方ともIC機能付きのカードですが、そこに医療情報や生体情報を入れることに強い反対世論があり、実施していません。カナダは2007年からカードそのものを廃止、アメリカでは紙製のカードで、持ち歩かないのが一般的なようです。韓国やシンガポールなどは治安管理や不正入国者を識別する目的で身分証カードを発行しましたが、韓国では電子住民カード化への反対運動の結果、1997年から計画は実施に至らず、プラスチックカードのままです。タイ、マレーシアなど東南アジア諸国もほぼ同様のカードを発行しています。

2 治安維持のために実施した韓国では大量の個人情報が流出

韓国は1962年、軍事クーデタで全権を掌握した朴正煕(パク・チョンヒ)が住民登録法を制定、68年からは住民登録番号を付与、住民登録証の発行を開始しています。導入した同氏はかつての満州国で青年時代を過ごし、日本の植民地政策の一環であった指紋登録、寄留制度などを知り、そして1942年に制定された朝鮮寄留令を踏襲して住民登録制度を導入しました[3]。

当初の導入目的は国防や治安管理でしたので、反対世論もなく、そういった民意を問うような政治も行われませんでした。2011年までの間に20回の法改定を行い、治安管理番号から行政分野での全面的使用、さらには民間分野での利用へと拡大していきました。

民間分野での利用は、例えば日本ではインターネットで買い物をする場合、その会社のサイトを開き、航空券とかホテル、洋服などのメニューから入り、買い物の種類、日時や数を選択し、個人情報を入力、最後にクレジットカード

---

[3]『世界のプライバシー権運動と監視社会』(白石孝、小倉利丸、板垣隆太ら編著、明石書店、2003年6月) に詳しい。

決済とかコンビニ払いを選択して完了となります。ところが韓国では、最初に住民登録番号を入力しない限り、画面は動きません。つまり、住民登録番号が民間事業者に登録されている、あるいは登録しない限りショッピングができないのです。

民間分野での住民登録番号付の個人情報の蓄積がここまで進んだこととインターネットの急速な普及拡大の結果、2008年1月から14年1月までの6年間で、累計2億3,719万人分の個人情報が流出する事態になりました。特に2011年7月のSKコムズ3,500万人分、2014年1月の大手クレジットカード会社（ロッテ・農協・KB国民カード）3社1億400万人分の情報流出は大きな社会問題になりました。クレジット口座情報ですから、氏名、口座番号、住民登録番号、預金残高、IDやパスワード、信用度ランクという重要な個人情報が盗まれ、売られたのです。盗んだのは、セキュリティを管理する下請け会社の社員ということも大きな衝撃でした。

この事件を契機に、住民登録制度への批判が起こり、全部の住民登録番号を付け直す、被害を申告した人の番号を変更する、番号の利用分野を厳しく規制するという3案が出されましたが、番号の全面変更はコスト面も含め不可能とされ、現在後者2案が検討されています。

市民からは損害賠償請求だけでなく、番号制度の抜本的な見直しを射程にした番号変更を求める憲法訴訟も提起されています。また、2013年からは個人情報保護法の改定もあり、民間利用の制限が行われつつありますが、住民登録番号の替わりに携帯電話番号が利用されるなど、実態としての規制は進んでいません[4]。

2006年段階でのデータですが、民間企業各社の書類に住民登録番号記載欄があるものが、一般企業8,172件、建設会社2,095件、税務会計企業1,850件、学校法人951件などという数字もあり、広範囲に利用が進み、事業活動に使わ

---

4)「インターネット実名制」(情報通信網の利用促進および情報保護などに関する法律) の規定で、1日の平均利用者数が10万人以上のサイト掲示板利用に際し、本人確認なしには書き込みできなかった。これは「悪意のある書き込みなどによる社会的な弊害を防止する」目的で2007年に導入された。これに対して「表現の自由などを侵害する」として10年に提訴、そして12年8月、憲法裁判所は裁判官8人全員一致で、違憲と判断した。ところがその後の実態は、「会員登録をする際、携帯電話番号を入力し、携帯に認証番号を送り、またパソコンなり携帯なりでインターネット上のサイトで入力して、会員登録が成立」、つまり実質的には引き続きネットサイトでは実名制が生き続けていることになる。利用が進むと後戻りできないことを示している。

れている番号付顧客データなどをそう簡単に白紙にすることはできないでしょう。

なお、前記した電子住民カード計画の内容ですが、カード券面には、住民登録（氏名、住民登録番号、住所、顔写真など）、運転免許、医療保険、国民年金、指紋が表示され、ICチップ内には、42項目が記録されます。その主なものは、写真、印鑑、兵役、血液型、免許の罰点内容、指紋特徴点などです。日本政府、自民党が推進しようとしている「マイナンバー制度利活用推進ロードマップ」がめざす「ワンカード化」と重なる点が多いのですが、韓国では反対世論が起こり、金大中大統領も実施を止めたものです。

3 共通番号から個別番号を模索するアメリカ

1936年に社会保障番号（SSN）が導入された当初から、民間機関での自由な利用が行われてきたアメリカでは、政府機関の職員番号や運転免許証など様々な番号に利用され、さらには個人情報信用調査機関などに、共通番号をキーとして個人情報が集積されました。

また、一定水準以下の所得の人に税額の控除や給付金を支給するという給付付税額控除に共通番号が使用され、他人の番号を悪用して申請するケースや高齢者医療制度であるメディケアにも悪用される事態が急増しました。クレジットカードによる買い物やネットバンキングでの成りすまし被害も多発しています。

人口約3億1,000万人のアメリカでは年間900万件を超える共通番号（SSN）関連の成りすまし犯罪があり、連邦司法省によると、2006～2008年の3年間で成りすまし犯罪の被害が1,170万件（16歳以上の全人口の約5％）にのぼっています。損害額は、約173億ドル（為替レートを円・ドル120円で換算すると約2兆円、年間6500～7000億円）です。

また、毎年1億人を超える人が税務署（内国歳入庁＝IRS）に確定申告し、2012年度には給付付税額控除（勤労所得税税額控除）を2,700万人以上が申告

しています。2011年に内国歳入庁は成りすまし還付申告を94万件発見したそうです。

2000年代初頭から成りすまし犯罪は急増、2002年には政府検査院（GAO）が政府資料から共通番号を削除する勧告を出しています。2006年に、ジョージ・ブッシュ大統領が「成りすまし対策タスクフォース」を設置し、本格的な取り組みを開始しました。

さらに国会議員からも2008年頃から対策を講じる動きが出始めました。例えば連邦議会下院が民主、共和両党議員による「2008年メディケア成りすまし犯罪防止法」提案を可決（上院での議決がなく法律は未成立）、この背景には、社会保険庁（SSA）監察総監が2008年に、メディケアカードへの共通番号記載をしないと勧告、2011年11月には保健社会福祉省メディケア・メディケイド・サービスセンターが、共通番号削除の3通りの案に関するコストの試算を報告しています。

2011年、内国歳入庁は成りすまし被害にあった納税者に対して「身元保護個人納税番号」（IP・PIN）の発行に踏み切り、2012年申告期には25万2,000人に発行しています。しかし、これは氷山の一角のようで、内国歳入庁は成りすまし被害の全容を把握できないと言われています。

2012年に入ると、連邦議会では重要な公聴会が相次いで開かれました。議員提案による「メディケア成りすまし犯罪規制法案」は、2011年末と2013年2月にも提出されています。

そして国防総省が2011年6月、独自の新たな11桁の「国防総省本人確認番号（DOD ID number）」番号へと全面的に移行しました。これは、軍票、職員番号に共通番号が使用されていたことで、現役及び退役軍人に相当数の成りすまし被害が発生したこと、政府が国民や軍人の個人情報は国防上の重要情報であるとの位置づけをしたことによります。

このようにアメリカは、官民分野における共通番号制度を見直す時期に入っています。また、ひとたび導入された制度を変更することには、大きな負担があることも示しています。

政府や自民党は、日本のマイナンバー制度ではアメリカのような成りすまし被害は起こらないと断言しています。それは「個人番号カードの発行に際して、

厳密な本人確認をするので、カードの成りすましは防止できる」という説明です。たしかにアメリカでの本人確認は、紙製のカードも使わず、暗記した社会保障番号の本人申請や出身州などのヒアリングなどで行っていますから、相当程度緩いことは事実です。しかし、これはカードによる本人確認についてのみの説明であり、1項で書いたように、個人番号による個人情報流出を防ぐ説明にはなっていません。問題なので、幅広い官民分野で個人番号の利用を認める制度の是非なのです。

＊アメリカの状況については、前出「PIJ」発行の『CNNニュース』第70号から第77号を参考にさせていただいた。

4 官民分野での広範な利用のスウェーデンで所得情報も公開

　世界で最も進んだ番号制度を実施しているのがスウェーデンです。住民登録制度は16世紀に教会への出生、死亡届出制度化に始まり、17世紀には教区単位の登録制度が整備されています。そして1947年には住民登録制度が国税庁管理の下にスタートしたという長い歴史を持っています。

　その住民登録情報は、税申告、失業給付、社会保障給付などの公的機関における本人認証をはじめ、免許証やパスポート申請から自動車登録や建築許可申請などでも使用されています。金融機関での口座開設、株取引き、生命保険や損害保険、携帯電話購入など民間分野でも幅広く使用されており、引っ越しの手続きもワンストップサービスになっています。

　ここまで徹底した個人情報の利用は、住民登録制度の長い歴史に加え、福祉、医療、教育などの政策が国民から支持され、税金を納めるのは義務であると同時に、社会保障制度などを享受するための権利でもあるという、政府と国民との合意によっていることを見逃してはいけません。スウェーデンにおけるセンシティブな個人情報でIT化しないと規定されているのは、人種・民族、政治信条、宗教、思想、労働組合員か否か、医療、性生活であり、住民登録情報に加え、所得情報は公開とされているわけです。

このスウェーデンモデルを日本にそのまま持ち込むことは可能でしょうか。「税金を取られる」という意識が多数を占め、税金の使途が還元されているという合意が成立していない日本ではあり得ない制度と言えます。ただ、そのスウェーデンでもプライバシー意識の高まりや、侵害事例、成りすまし犯罪の増加などの理由から、官民共通番号制度の規制や付番見直しの議論が行われています。しかし実現が困難なのは、官民ともに膨大な個人情報データベースを構築し、そのアクセス・検索キーに本人識別番号が使われていることや見直しには膨大なコストがかかるためです。

5 国民番号法を撤回し、納税番号制度を導入したオーストラリア

1985年頃から検討され、脱税や税金忌避への対策、福祉分野での不正防止、不法移民対策などを根拠に国民番号法案（オーストラリアカード）を提起しようとしましたが、大規模な反対運動が起こり、1987年には廃案となりました。

その後、1989年に納税分野の番号制度に計画変更され今に至っています。番号のみの交付で、カードはありません。番号の取得も納税者の任意ですが、番号を使用しない場合、申告所得税の最高税率が適用されます。例えば、取り引き相手がいわゆる「ブラック企業」だとか、倒産しそうな会社には自分の番号を渡したくないなどの例を考えていただければいいと思います。しかし、確定申告時に番号付で申告すれば、払いすぎた所得税は還付を受けられますから、適正な課税、納税は維持できます。

さらに、記入済み申告書（プレプリント）制度も実施されています。つまり、課税と納税の適正化という観点からは、共通番号制度によらなくとも可能である実例です。税制と税実務とを混同した「マイナンバー制度で税の公平性が実現する」といったまやかしの主張に誤魔化されないという意味でも、このオーストラリアの教訓は重要です。

なお、2015年9月に前出PIJがオーストラリアを訪問し、番号制度及び消費税制度などの詳細な調査を行っている。相当に詳しく報告されているので、

『CNN ニュース』No.83（2015 年 10 月 30 日）を参照してください。

6　イギリスでは、生体情報入りの ID カードを保守党が廃止

　イギリスでは 2010 年の国政選挙で労働党政権から保守党・自民党の連立政権が誕生、労働党政権が導入した「国民 ID カード制」の廃止を決定しました。新政権誕生後の 5 月 25 日に開催された議会の女王演説では、内務省が、ID カード制廃止関連法案を準備していることに言及しました。その廃止関連法案は、①国民 ID 登録番号及び各人から強制収集した指紋その他の生体認証情報を管理する登録台帳を破棄、② ID カードを廃止です。

　以下は「女王の演説」の概要です。

　「法案の目的は、ID カード及び不要となる法律の廃止を通じて、自由と人権を回復するために提出する。ID カードを廃止し、かつ、国家身分登録台帳を廃止することにより、カード保有者から収集したすべての個人情報を廃棄する。政府は、必要最小限度の市民の情報を保有すべきである」と述べています。

　さらに、法案の議会通過、女王の裁可（法案の施行）後 1 カ月以内にすべての ID カードを廃棄すること、ID カード発行を義務づけている規定を無効とすること、国家身分登録台帳を廃止すること、保有されたあらゆる情報を破棄することなどに触れています。（プライバシーインターナショナルジャパン（PIJ）『CNN ニュース』2010 ／ 6 ／ 30 から転載）

　さらにイギリスと日本の保守政治家の情報人権に関する政治思想の大きな違いを象徴している現キャメロン首相が、野党時代の 2009 年 6 月 25 日、保守党党首としてロンドン大学で行った演説の骨子を紹介します。

　「過去の 12 年間で労働党政権は、人々の自由と政治的な責任を薄めてしまった。私はこの二つについて話したい。今日我々は、コントロールされた国家に暮らす危険にさらされている。多くの無実な人々が、世界でもっとも巨大な DNA データベースの網に捕まりかけている。この社会は、どんな独裁政権よりも強い社会だ。我々は指紋、目の虹彩などを ID カードの強制のもとに渡さ

なくてはならなくなる。国家の触手は、あなたの捨てたゴミでさえ、美味しい情報として満遍なく探すことができるようになるだろう。2007年、プライバシーインターナショナル（筆者註：イギリスのプライバシーNGO）の世界ランキングによると、イギリスのプライバシー保護のランクは主要47国中43番目だ。ヨーロッパでは最低で、ロシアと中国よりちょっといいだけだ。政府は犯罪と闘うためと、500万人もの労働者のDNAデータベースを収録すると言うが、ほとんどの人々は完全なる無実だ。そして、さらに多くの無実な人々として、子供たちがいる。

　これは、世界でもっとも圧政的な政治であり、懸念を呼ぶ事態である。カードにより、50の詳細な個人情報が自己情報コントロールを奪われ、国のコントロール下に移されてしまう。名前だけでなく、住所や生まれた場所、そしてあなたのイメージや、署名、指紋も、目の虹彩や顔の輪郭もだ。IDカードを取得しなければ、罰金を科せられる可能性もあり、公的機関で働く人たちは、まず最初に登録を余儀なくされる。

　もし我々が、国家によるコントロールをやめたいならば、この監視国家に立ち向かわなくてはならない。我々はIDカード計画を廃止する。そして、無辜の人々のデータを、DNAデータベースから取り除く。」（BBC NEWS 25 June 2009を新津久美子が訳、それを筆者が要約した）

　以上みてきたように、世界の番号制度は一様ではなく、それぞれの導入経過、政府と国民・市民のプライバシー意識に違いがあります。利便性が語られますが、その一方でどの程度プライバシー、人権が損なわれるのか、自由がどの程度尊重されるのか、そのバランスを見なければなりません。番号制度は、その国の民主政治のあり方が問われているのです。

　なお、筆者は2013年3月、韓国での取材映像をDVD「韓国の住民登録番号制度〜頻発するプライバシー侵害、情報流出、なりすまし事件」として発売しました。この映像をご覧いただくと、番号とカード制度が便利さゆえ宿命的に拡大・拡張され、その結果プライバシー侵害が起こること、そして気がついた段階では後戻りが困難なことがよく分かります。マイナンバー制度はその韓国に追いつき、そして追い越すところまでいこうとしているのです。

第6章

戦争をする国家・改憲への
インフラづくり

マイナンバー制度の行方

1 マイナンバー制度の始まり

1 ── 「税と社会保障の一体改革」における核心

　マイナンバー制度が目指す政府の目的は、国民の乏しい警戒心とは異なり、多岐にわたります。政府が目指すマイナンバー制度に托す狙いは、最初から多数あるとはいってはいないので、国民・市民が十分にその狙いを理解しているとはいえないかもしれません。マイナンバー制度が目指していたスタート時点での法的構図は、民主党と自民党との間で「社会保障と（消費）税の一体改革」（以下「一体改革」という）の目論みの中にあったのであり、それを実施する制度的仕組みとして企画され、準備されていました。

　両党合意時点における民主党の意図は、「税と社会保障の制度」劣化を「改革」し、その前提条件として、①税や社保険料の徴収体制を一元化し、社会保険料も税と同じに扱う、②そのためには社会保険料の徴収機関である社会保険庁と国税庁を統合し、アメリカ歳入庁に準じた組織を設ける、等の大きな制度変更が企てられていました。

　それらの意図を全部が誤りとはいえないかもしれません。だがこの「一体改革」が企図した制度変更を番号制度導入で実施できるのかといえば、それほど簡単な作業ではすまされない事業となっていたのではないでしょうか。

　それというのも、税制では、「給付付き税額控除」制度の導入を試みようとしていました。「給付付き税額控除」は"負の所得税"ともいわれる税制度で、その新設を試みるものでもありました。「給付付き税額控除」制度とは、一定額以下の所得の納税者に所得を給付する（マイナスの所得税）制度です。たしかにこれは税制の大きな変更です。ただその実現は番号制度頼みの議論頼みで実現するほど簡単ではありません。

　この制度実施にはすなわち、「給付付き税額控除」制度を実現するためには、

税と社会保険料徴収にかかわる行政組織の再編、所得税制における税の徴収と給付のシステム調整が必要です。例えば、労働者すべてに納税額を申告させ、年末調整を廃止するなど、制度構築には大きな制度変更が生じます。行政組織再編、納税者の納税・還付手続きの変更などを要するのです。実施するとすれば、条件整備に一定の時間をかけなければなりません。

結果的に民主・自民合意の「一体改革」は実現せずに終わりました。そのあと何が生まれたかをいまから振り返ると、「住基ネット」システムが「一体改革」に向けた制度的手段であった住民基本台帳ネットワークシステムがマイナンバー制度へのつなぎ役という結果となりました。

2──「住基ネット」の置き土産以上に危険なマイナンバー制度

しかし「一体改革」の置き土産からマイナンバー制度誕生における経過には国民・住民の権利行使、個人情報保護、番号利用の行政への国民の信頼は低く、行政当局により一方的に活用される行政行為が強まるかもしれないという不安など、注意するべきは最高権力組織である内閣府の権限強化、権限強化と逆比例して縮小する福祉行政サービス、国家の事務・事業を基礎自治体に押し付ける"地方分権改革"など、自治体機能の変容を迫られる深刻な課題が浮上してきます。

この経過に加え、1999年8月から構築されたけれども、十分活用されずに2016年1月で打ち止め終了となった住民基本台帳ネットワークシステム（「住基ネット」）制度が再活用されて、マイナンバー制度下で新たな情報システムに転用されています。

一見すると住民、国民に番号を付ける（付番する）行政行為は、「住基ネット」もマイナンバーも付番という"作業"を実施する点では同じように見えます。一見すると単純な変更・改良を施せば、「住基ネット」の付番機能を継承し、合理的な行政経費活用のように思えるかもしれません。

「住基ネット」とマイナンバー制度とが同じなら、一方では無駄に投資した「住基ネット」の資産を負の遺産にさせないという一定の意味はあるかもしれません。しかしそれだけでなく、マイナンバー制度導入そのものの試みを中止

するか、また別にもっと有効なシステムに活用する道があるならば、それはそれで国民・市民に提示し、強要しない方法で再利用することを説得し、国民・市民が合意できる制度を模索し、時間をかけてでも探る仕方もあるでしょう。

　すでに見たようにマイナンバー制度発足は、政府がいうように国家と地方の行政行為で国民・市民に有用かつ効率的に"つなぎ"、行政経費を節約できるというものです。信頼性の高い国民・市民の個人情報の収集・保管・活用がもたらす効果も部分的にはあるでしょう。しかしそれだけにはとどまらない"見せない目的"、"見えない監視・管理"の狙いという実態が軽視される可能性があります。そこでこれら公表された目標以外の狙いを提示し、さらにこのシステムを安全神話で覆い隠さずに多くの危険、マイナス効果も併せ持っていることをむしろ明らかにすべきだったでしょう。

　国民・市民の個々人を番号で認証し、アイデンティティをもった国民・市民を一人一人ではなく、個人個人を"ものをいえない"、"いわせない"番号情報に変える。このように国民・市民を"番号人間"と化して、"技術化・情報化した国民・市民"に変換し、国家や地方行政組織が国民・市民を監視、管理できるようにしたのです。それゆえにマイナンバー制度は、「住基ネット」以上に強固な行政力で国民・住民を制御、統御するシステムに転換されることになっているといえます。

　技術的視点からは「住基ネット」とマイナンバー制度とはたいした違いはなく、類似性を持っているといえる面もあります。マイナンバー制度も「住基ネット」と同じく、付番されても個人番号カードの受け取りを無視したりすれば済む脆弱な制度だと見なすこともできるかもしれません。マイナンバー制度には「住基ネット」と同じくいずれ看板倒れに終わるという"楽観的な無視できる"制度という見方もあるかもしれません。しかし、マイナンバー制度には「住基ネット」とは根本的に異なる役割を演じる要素があることを見ておかなければなりません。

　ではどのようにみるのが適正なのでしょうか。

2 「狭き門」より入る日本（「国家」）の将来
──強まる国民監視・管理、重くなる国民負担、細る国民福祉

1 ── 政府はなぜマイナンバー制度のメリットばかりを強調するのか

　政府の言い分では、マイナンバー制度は「住基ネット」とともに国民および住民に多くのメリットがあると主張し、宣伝さえしています。マイナンバー制度は「住基ネット」以上に、むしろ大規模で活用範囲も広く、ここから逃れることができないほど普及させる意図を強くもっている制度になっています。「住基ネット」とマイナンバー制度は政府・行政組織に共通する潜在的狙いが秘められていますし、そのうえに新たに強力な行政権力を発揮できる制度といえるのです。

　マイナンバー制度では、国民の一人一人に特定の固有ナンバーを付し、国民・市民は生涯にわたってその番号を背負わされます。そしてその番号によって行政サービスや企業活動に結び付けられ、管理されるように組み立てられています。1人の人間の本人確認の方法が、本人であることを認証する名前や住民票、旅券（パスポート）などではなく、番号や番号カードを通じて行政目的につなげられ、協力させられるシステムになっています。行政サービスは、原則的に番号や番号カードの運用とともに提供されることにもなります。それはまるで囚人を番号で監視・管理するのに等しくなります。

　マイナンバー制度を政府があえて押しつける理由は、公平で正確な税や社会保障制度の運営、より効率的な行政サービスの実施に必要だとされています。マイナンバー制度は国民・市民への様々なメリットを生みだすというのです。だから国民・市民はマイナンバー制度が「住基ネット」と同じく付番され、その番号で様々な行政サービスにかかわり、自分自身ではない自分とは別の情報体である付番された番号およびそれを表示している番号カードによって情報処理され、通信もされます。この点では「住基ネット」と共通する部分もあり

ます。

　しかし、この番号による国民に対する行政サービス提供は、「住基ネット」から一貫する事項が多くありますが、いまなぜより広範囲の事項や行政執行権を強めるマイナンバー制度が必要なのでしょうか。国民・市民側からみれば、ただちに必要だとは思えません。国民・市民側からただちに必要だとは思えません。国からの押付け感を覚えることが否めず、そのうえ納得にいたらない一種の不安、腑に落ちない気味悪さをぬぐいえないのです。国民・市民の感覚と政府が語りかける"オイシイ"話とが、心の片隅のどこかに食い違いを生み、制度がスタートしても、どこか食い違いが残り、その溝が埋められないのです。政府があたかもマイナンバー制度がいいことずくめであるかのように広報すると、逆に不安が高じることにもなるのです。

2── 「住基ネット」とマイナンバー制度との共通性と7つの相違性

　政府は国民の感覚以上に、はっきりと多くのメリットを生むと強調するのが新しいマイナンバー制度だと主張しています。では「住基ネット」とマイナンバー制度とはどこが違うでしょうか。以下その相違を簡単に見ておきましょう。

(1) 拡張できるマイナンバーの利用範囲

　まず、「住基ネット」の番号の桁数は11桁で、番号カードの表面は、①基本4情報（住所、氏名、年齢、生年月日、性別）、②顔写真（ただし任意）、③有効期限、ICチップ、QRコードで、④裏面は注意書きです。⑤それを総務省が所管し、⑥発行・管理は地方自治体、⑦その利用範囲は選挙人名簿への登録、国民健康保険・介護保険・国民年金等の資格確認、児童手当の受給資格確認、学齢簿の作成、生活保護、予防接種、印鑑登録などで、行政サービスと福祉関連に限定された利用範囲になっていました。

　これに対してマイナンバー制度ではナンバーの桁数が12桁です。番号カードの表面は、①基本4情報、②顔写真、③有効期限、④記載事項変更時に使うサインパネル、⑤裏面は氏名、生年月日、マイナンバー、QRコード、ICチップです。⑥マイナンバー制度での所管官庁は総務省より上位機関である首相直

属の内閣府であり、⑦番号の発行・管理は国（内閣府）が地方自治体に委託し、⑧自治体は法定受託事務として発行・管理します。⑨マイナンバーの利用範囲は、当面社会保険、税、災害対策とされています。だがこれはスタート時点だけで、いまは利用範囲が狭く設定されている、⑩しかし次第に利用範囲を広げ、銀行預貯金口座、不動産、自動車登録情報、医療関連領域などへと段階的に機能拡張が予定されています。

　「住基ネット」と比べてマイナンバー制度に共通する部分もありますが、外観上の違いだけでも基本的にも大きな相違があることが分かります。何よりも付番が11桁から12桁に増やされています。初発こそ狭い領域での利用範囲に設定されています。だが段階的に利用範囲を拡張するように組み立てられているのです。そこからは情報漏えいなどの発生確率も高まることが危惧されています。

（2）強められた管理・活用体制

　第2にはマイナンバー制度は所管が総務省から内閣府に変わりました。これはマイナンバー制度の活用範囲が総務省が担当する守備範囲を超えているからなのですが、それだけでは済まない広い範囲に拡張されることが予定されています。とくに警察、防衛などに至る機能に及びます。その範囲を定めていないことには、政権を担う時々の内閣がマイナンバー運用範囲が様々な用途、政権維持に必要な事態にも応じられ、国民一人一人の動静を深く監視でき、それを政権維持や政策形成・実施活動に活用できるなど、政治的運用ができる危険性をはらんでいます。

（3）強い行政の裁量と企業への柔軟な適応性

　第3にマイナンバー制度には情報の収集、記録、保管・管理という多段階の業務内容を含んでいます。これら広範な業務での運用範囲は法定事務や情報活用に明確な範囲が規定されることが一般的とされるべきです。とはいえ、マイナンバー制度では何に活用するかが限定されていません。むしろ政府や地方自治体にとって"柔軟"に活用できる体制であることに大きな特徴があります。いまのところ、税、社会保障、災害対策への利用から運用されます。

だが、どの範囲にまで活用されるかは行政の意思次第です。条例制定などで"柔軟"な対応が可能です。またその利用目的も柔軟に変更できます。スタート時点では行政事務の法定主義で狭く設定されています。とはいっても国民・市民からみるとどこまで広がるのか、限定されていません。番号利用の限定なきマイナンバー運用システムの構築を可能にしているのです。まさに"狭き門より入り"、その後は国家行政の利用範囲がいわば自由裁量で運用できる広がりをもった仕組みとなっています。

（4）国民・市民の意見が反映されにくい制度

第4に、マイナンバー運用範囲の拡張可能なシステムがどの方向を向いているかにも注意すべきです。行政は基本的に政治情勢の変化などで制度運用が変更可能です。だから、行政による国民・市民情報の収集・蓄積・保管・管理・活用など、国民・市民の情報活用がどこまで広げられるかを知り、国民・市民が利用範囲を制御できるのか、これらに関して国民・市民側からの介入規定はありません。その意味で情報収集、蓄積、管理・運営に関して国民・市民の制御方法をもたないまま、一方的に行政側の動きを受け入れさせられる体制です。これは国民が下位に位置づけられており、行政優位・国民下位の極めて危険なシステムとなっています。

（5）民間企業活動への利用拡大

第5に、しかも注意しなければならないことは、「住基ネット」、そしてマイナンバー制度が動き出す以前から、幅広い企業活動によって国民・市民との関係を問わなければなりません。国民・市民が個人と企業間には取引関係を通じてこれまでも多くの情報が蓄積され、企業は経営活動にこれらの情報を活用してきています。これら蓄積されてきた情報・データとマイナンバーとが結合される時代が始まることになります。たとえばVISA、JCBなどのキャッシュカード情報、JRのSUICAや鉄道会社のPASMO、高速道路利用状況等の記録、銀行等のキャッシュカード、デパートや大型店のポイントカードなどの買物記録情報にマイナンバー情報が「紐付け」されることが予定されています。第三の"柔軟"なシステムに加えられている「紐付け」の可能性は、民間情報と

第6章　戦争をする国家・改憲へのインフラづくり　161

の連携で国民行動が逐一記録され、分析され、活用されるように拡張されることになります。これらの拡張される機能は、国民・市民の合意なきビジネス・システムとしても利用され、活用範囲を企業優先に運用されることになります。ここには11桁の「住基ネット」システムの限定的活用とはある意味で決定的な対極をなしています。

(6) 2つのマイナンバー管理組織

　第6にマイナンバー制度は、税・社会保障に関する行政事務の電子化、合理化を狙った行政事務遂行体制の効率的システムという点があります。そうである以上、この制度は国民・市民と行政との情報連携はもとより、国民・市民と法人企業との情報連携、さらに企業と行政との情報連携という民（個人）・民（企業）・官（行政）の情報トライアングルを不可欠とするシステムに設計されています。マイナンバー制度には当然、法人用ナンバーが用意されています。法人ナンバーは13桁で付番されます。複雑なことに法人ナンバーは内閣府所管ではなく、国税庁長官のもとに管理・運用されます。国民のマイナンバーが内閣府から地方自治体（区市町村）の法定委任事務による行政システムを活用した管理・運営体制であるのに対し、法人ナンバーの管理・運営が国税庁長官の下におかれます。国民と法人とでは所管が異なるのです。国民・市民のマイナンバー管理は、内閣府（首相）、法人のナンバーとそれを介した国税庁（同長官）所管という、二重の監視・管理構造になっています。

(7)"オープンシステム"の法人ナンバー制度

　第7に法人番号が国民各人のもつナンバーと異なるのは、法人には生身の人間が持つプライバシーはなく、"非自然人"ないしは"擬人"と見なされており、法人と個人とでは大いに異なる規定になっています。そこに見られる相違は、主に以下の点にあります。すなわち、①法人ナンバーの利用範囲には制限を設けない、②法人ナンバーはだれでも自由に利用できる、③法人ナンバーには、法人の名称、本店または主な事務所の所在地、法人番号という基本3情報があり、それらはインターネット上に公表され、検索できるオープン（ないしはフラット）システムとなっています。これが生身の人間と異なり、法人番号

制は「わかる」、「つながる」、「ひろがる」とのキャッチコピーが使われているように、取引情報の検索・更新、「異なるコードで管理されている取引先情報に法人番号を追加」した市場における取引情報として集約・名寄せされ、新たに"ワンストップビジネス"処理システム構築等に組み入れられ、ビジネス用に運用・活用の機会を増やそうというのです。

　これらの諸点が、「住基ネット」とは決定的に異なる特性です。

3── 制度運用に当たって国民・市民の十分な了解なき始発

　このように見てきますと、マイナンバー制度は、税、社会保障、災害対応などの限定された目的に限定した"狭き門"から入るように設定しているように見えます。しかし政府は、国民向けのサービス向上よりも、国家自身の、時々の政権が都合よく活用し、強力に税・社会保険料を徴収して政権維持の財源確保を確実にできます。また企業の活動に向けた市場を広げ、収益機会を増やすことにも狙いがあります。国民に宣伝されているメリットを強調するのは、その裏に隠された狙いがあるからです。

　そこでこの制度には企業利益拡張の狙いを見えにくくするキャッチコピー、サブリミナル（subliminal、識閾下の）広告手法を必要とします。国家と企業利益よりも国民・市民のメリットが強調されているように見せていますが、そのために化粧として国民生活にとって利便性のみを強調してマイナンバー制度導入の効果を宣伝して、真の動機、狙いが企業の市場拡張よりも国民・市民の側にあるように見せています。

　政府は徴税体制の強化のうえに、国家や企業から保護されるべき個人のプライバシーにまで踏み込み、税・社会保障の徴収、給付の不整合があればただちに支給打ち切り等が促されます。というのは、給付削減等が窓口の担当者の水際作戦が一層強められ、人工音声のような情報を発して歳出削減を処理できるようになるでしょう。企業の苦情処理をコールセンターに委ねた音声処理システムで対応するのと同じように、政府にとって大きなメリットがあるのです。しかし政府、地方自治体の行政窓口の中央直轄体制が見えないまま、国民・市民は付番された国民背番号だけで一方的に国民・市民にメリットを得られるか

のように"誘導"しようとしています。

　政府が狙う監視・管理の強化という基本的導入目標が明示されないまま、マイナンバー制度が浸透してくると、その先にはどのような事態が待ち構えていると考えられるでしょうか。国民、市民の間には、マイナンバー制度導入とともに、従来にはなかった様々な不安、危惧も広がっています。

　何よりもマイナンバー制度により、政府は国民の個人そのもの、また労働・生活等の活動状況に関する膨大な情報をビッグデータとして蓄積、運用、活用できます。この蓄積された情報の活用、応用範囲は、自治体の行政サービス活用にとどまらず、行政サービス提供の評価、判断はもとより、警察、防衛行政にも広く活用されるでしょう。

　しかし手放しで個人情報、労働・生活情報が活用されるとは国民に十分知らされているでしょうか。そもそも政府はこれらの個人の基礎情報をはじめ、労働・事業活動、生活行動に関するデータ、さらには各種のカード情報に紐付けするデータまでが、なぜ、何のために、誰のために、どのように使うのでしょうか。国民・市民が明確に了解しないまま、制度が暴走しても暴走を国民・市民が認めたかのように使われることは、人権上の問題でもあります。

3　国民監視・管理を強め、国家は戦争ができる国に向けた国民監視・管理と財政基盤の確立が目当て

1——国民の個人情報捕捉領域の拡張と行政によるフリーハンドな活用

　すべての行政行為には憲法、行政法などで規定された法的な規定や制約があります。いうまでもなくマイナンバー制度も行政が深くかかわっている以上、法規定によるべきです。とはいえ、マイナンバー制度は最終的には全国民・全市民の基礎的情報を行政が正確に、すなわち国民の自己申請を前提に個々人が自己の情報に関する権利とその行使を制御できる仕組みにはなっていません。自分で拒否できない個人情報の運用のシステムが構築され、その中で国民・市

民の医療情報などの基礎的で、生活・労働活動の細部にかかわる情報まで行政機関、企業等に蓄積され、国民・市民の知らないところで活用、運用されることになります。

　繰り返しますが、マイナンバー制度では、国民・市民の基礎的情報、社会関係そして所得、受診情報などをはじめ、さらに国税庁長官が管理する企業情報と紐づけされます。個人が行う投資行動がマイナンバー情報システムを介して行政機関の情報センターに取り込まれます。このネットワークの中ではほんの一角に見られる利便性に着目させて個人情報が行政機関へ集約されるシステム構築がもくろまれています。

　だが、最終的には十分な説明を受けずていない国民・市民にとって、個人の行動・活動情報までも行政に丸裸で確保され、行政"サービス"、企業活動までに活用・運用されるようになってしまいます。拡張できるマイナンバー制度のシステム、"フラット・システム"の全体像、その実質的内容がまだ正確には見えていません。

　すべての国民・市民の個人情報が将来にわたって捕捉される基礎的個人情報を国民・市民に正確に伝える必要があります。国民・市民が政府、国税庁長官と対等に交渉、協議し、国民・市民と行政の双方が、ともに納得でき、もし納得できなければ認めるわけにはいきません。こうした論議を経たうえで、個人情報の運用に利用制限を設けるなど、多くの論議が欠かせません。

　このことは制度運用の始発において行政、つまり内閣府とその法定委任事務を代行する地方自治体との間で、基本的な合意をとりつけたうえで実行しなければならない事項です。このような協議可能な状態ができるまでは制度運用を中止するか、場合によっては廃止も視野に入れた論議をすべきでしょう。「今からでも遅くはない！」のです。

　ともかくマイナンバー制度の発足は、制度の出発前に国民がもつ不安にほとんど配慮がなされていません。その心配はいらないという前提です。「悪いことをしていないなら隠すことはないはずだ！」というのは、個人情報保護の基本を無視した脅しに近い意見です。行政、企業が把握する個人情報、さらにそれらを活用する新たな企業活動の市場に"紐付け"されて、国民・市民の人権保護が十分に意識されてはいない状況にあります。だから国民・市民には"情

報無防備"での生活を求められるのです。

　個人情報保護の基礎的課題を考慮せずに、多くの課題を残したままで、制度のスタートが優先されると、制度が独り歩きすることになりかねません。政府が国民・市民に周知し、納得のうえで出発する体制にはなっていません。だからこの先、もっと多くの個人情報から行動情報までが、行政や企業に握られ、その情報が権力を行使する側によって法的に承認できない状態で、操作される危険性があり、こうした制度の穴を十分検討することが前提です。

2―― 強まる国民監視・管理に広がる不安
システムの脆弱さと重くなる国民負担、細る国民福祉

　個人情報に関するマイナンバーカードには国民一人一人に関する膨大な情報蓄積へと展開されていきます。人間の一生にわたる膨大な個人情報および行動の記録、事実がほとんど行政によって掌握されます。マイナンバー制度の下では、行政の側から国民・市民は基本的人権や人格とは別物である番号カードに蓄積・認識された"番号人間"として扱われます。いいかえると蓄積された情報に照会され、国民・市民一人一人が付番され、番号を通じて「監視・管理できる個人」として"自立した個人"、それが"自立した国民"として現れ、国民・市民はその"番号人間"を通して情報化され、蓄積され、次々に活用されます。

　行政に収集・蓄積・運用されるこの"処理可能な個人"＝国民・市民は、その個人の人格、プライバシーという個体認識のみならず、個人情報に発した国民・市民と行政との関係、国民・市民と企業との関係、行政と企業との関係における個人等が、個々人の判断で行動できる状態から個人の行動、活動等が自動的に記録された個人情報からその活動、行動などが行政から丸見えとなり、自分の意志の主張、変更、拒否反応などの行動を狭められ、制約され、縛られて無限定で活用されることにもなりかねません。

　他方、国民・市民は、行政機関のように行政情報の収集手段を持たず、監視・管理する相手を見ることができません。国民からは何も見えないシステムで、行政等からは丸見えになるシステムがマイナンバー制度の特徴なのです。行政や企業からみれば国民・市民の基本情報はもとより、個人の活動・行動が丸見え状態で、しかも操作可能な対象、すなわち動機付けされ、誘導され、方

向づけされて、わがものにされる対象となります。

　個人情報に関する保護に対して「個人情報保護法」などによって守られているという見解があります。だが、その保護体制が不十分だとして、マイナンバー制度を受け入れることには納得がいかない人々が多いのです。

　そのうえマイナンバーシステムにはシステム上の弱点、取扱者に起きがちな操作ミス、サイバー攻撃やハッカー攻撃が避けられません。したがって、情報漏えい事故は避けられません。加えて詐欺行為、なりすましなど犯罪、悪用が危惧されます。多面的な危険を伴うことがこのシステムには避け難くつきまといます。これらの想定できる危険性が避けられない以上、制度実施には大いに検討の余地があります。それに行政上不要なほど多くの情報が記録、蓄積され、活用・運用される体制ができあがるのです。この事実自体を改めて問い直さなければなりません。

　マイナンバー制度は、政府がいうように安全かつ難攻不落の堅固なシステムで、そのうえ厳しい罰則を定めているから、行き届いた行政サービスが期待できるというのです。いいかえるとマイナンバー制度は、いいことずくめだと思わせようとしています。ではその試みがうまくいくのでしょうか。

　情報産業における多くの事業者や労働者がいますから、原発立地にもろ手を挙げて賛同する人がないわけではないでしょうし、不安を抱きながらも不本意ながら黙認する国民・市民もいるでしょう。そうした人々も含めて政府がいうとおりに問題なく行政目標が達成されると思っている人々は決して多くないでしょう。国民・市民は明確に不信をもつ多くの人々がいるほか、漠然とした不安をもつ人々は増えています。不信や不安を整理すると、次の諸点に絞られるように思われます。

（1）強権政治のインフラストラクチュア

　すでに指摘したように「住基ネット」に比べ、マイナンバー制度は国家、なかでも最高の行政権能をもつ内閣府所管の下にスタートさせました。ところで安倍政権は憲法法規の破壊も辞せず、集団的自衛権行使容認の閣議決定、そして戦争法を成立させました。法的に違憲状態を抱えたままで自衛隊が海外での戦争行為に参加する法的処理が整ったと考えているのです。この強権政治が進

められる下で、マイナンバー制度推進勢力が、大手を振って罷りとおる以上、国家は強力な行政権能で国民・市民を「監視・管理体制」づくりを試み、その勢いでマイナンバー制度の強権が帯びる権能を利用しないはずはない、と考えなければなりません。とくに国家機密保護法、戦争法の強行採決や軍需産業の拡大など、本格的な国防国家づくりを試みる自衛隊と米軍の日米共同作戦の調整組織を設け、アジア・東シナ海の軍事的プレゼンスを強めるために沖縄県民の意思を無視した名護市辺野古新基地建設を、粛々と強行する政権です。これら諸般の状況変化を踏まえる必要があります。なかでも、教育現場に浸透しつつあり、戦争ができる国づくりを目指して、国民精神動員、忠君愛国思想を仕立てるには国民情報の捕捉・収集とそれら大量データの活用で国民を恐れさせ、怯えさせ、経済的困窮を徴兵で"救う"仕組みを醸しだすことが試みられても何の不思議もありません。

(2) 徴税強化、社会保障・社会福祉給付の合理化

マイナンバーの本格的活用は、行政の効率化、行政サービスの向上、税・社会保険の公正な適用などよりも、すでに2017年度から引上げられる消費税率10%移行を前提にした軽減税率方式採用の論議に見られたように、増税実施の上での税率"軽減"という矛盾した論議が見られます。それは年間4,000円程度の"消費税還付"を口実に、本格的なマイナンバー制度活用で消費税率アップを粛々と強行し、そのうえで軽減税率導入があたかも減税、社会保障費削減を容認するかのように錯覚を起こさせようとしているのです。増税を税率軽減のように錯覚させるとはなんと厚かましい、見え透いた戦略ではないでしょうか。だがそこには一方で、税率アップ・徴税強化と社会保険への適用拡大を名目にした税・社会保険料金の徹底した体制的徴収強化、他方で生活保護給付の削減・締め付け、福祉・教育費助成削減など、財政再建名目で消費税率アップの財源調達作戦と福祉向上を掲げる真逆の政策、これで「敵前突破」しようというのです。消費税率アップで、年金、医療、介護、教育、生活保護などの縮減政策を同じ気持ちで実行できる政権です。だからこそ強権的に戦争をする政権は、国民・市民を騙す国家的、行政的目標達成に向けた重要な制度、インフラ整備・構築を強く意識しているのです。このようにマイナンバー制度に課

せられた新自由主義政権の狙いが、明白な矛盾をあらわにしているのです。

(3) 情報産業への新市場として国民・市民の監視・管理行政の構築

　マイナンバー制度の導入は、税、社会保障、災害対策という"狭き門"から導き入れられた"トロイの木馬"のようなものです。それは静かに押し入って法化されてしまいました。それは国民福祉増進・負担の公平化を騙る一方、情報産業市場を押し広げ、国民負担増加とは別に企業成長を促す手段という役割までをももっています。マイナンバー情報システムがそれ自体民間企業が保有する情報と結合した、より大きなビッグデータ市場を成長させる狙いがあります。国民から行政、行政から企業へと"紐付け"し、企業間情報交換システムの構築、さらに企業と行政、企業と国民などとの多チャンネル情報交換市場の形成、そして行政と企業との連携体制の拡張を図ろうとしています。このマルチチャンネルを通じた情報市場の構築が、また資本主義社会の情報漏えいの機会の拡張を避け難いものにすることも避けられません。それは量的にも質的にも、行政サービスに比して企業情報サービスの安全確保の信頼性の低さは明らかです。多チャンネル情報システムでは個人情報保護の脆弱性が明らかに高まります。

(4) 完全な防御はできない情報システム

　いくらセキュリティを完全にしようとしても急膨張するマイナンバー制度を起点にした情報システムが、行政、企業、団体、個人等の連携の節々での漏えいを完全に防止できません。消えた年金、年金機構の情報漏えい、システムの民間依存による汚職事件の事例が端的それを示しています。しかも企業間関係における外注・下請システムの活用を旨とする現在の行政運営と企業との不正常な元請・下請関係自体、それらの業務にかかわる人間のミスや不平等な扱いが労働者間に大きな隙間をつくっていくことになり、これまで以上に情報漏えい事件は拡大するでしょう。

(5) 危険なフラット・システムである法人マイナンバー

　アメリカの社会保障番号制度、韓国の住民登録制度でもなりすましなどの詐

欺行為が多発し、防御は不可能であることを実証しています。日本のように行政から企業に至るまで拡張される個人番号制度は一応形式的には"閉鎖システム"（セパレート・モデル）をとっていても、企業ナンバーシステムは"開放システム"（フラット・モデル）となっており、閉鎖と開放とが連結し、企業情報が圧倒的に多くなれば、犯罪にはもってこいの隙間が増えると考えるべきです。とくに政策的にも雇用関係に流動性が高まると、企業の番号管理システムには中小企業層というよりも大企業の取引関係の"弱い環"から情報漏れや不正アクセスが発生しやすいことが十分危惧されます。このことを考えると、マイナンバー制度での多チャンネル情報活用は"もってのほか"というべきです。だが、マイナンバーの運用をやめるべきですが、法制化していても利用範囲を抑制すべきという案も論議しなければなりません。

3──マイナンバー制度設計の罠（落とし穴）

　国民・市民はマイナンバー制度に対して抱く不信、不安は現実的な根拠をもっていることを政府や地方自治体はよく認識すべきです。このことを改めて強調する必要があります。

　すでに日本年金機構における大量の情報漏えいに見られるように、マイナンバー制度もサイバー攻撃などに対して制度自体の弱点をなくすることはできません。その弱点は、情報収集・保管・管理・活用システム自体が、欠点をゼロにできるものではないのです。人間が設計、作成したシステムである以上、どのように完璧を装うとも制度設計に由来する欠陥のほかに、これを取り扱う人の誤りは避けられません。誤るものである生物である人間が多くの業務に携わり、情報交換に介在し、監視・管理・運用するのですから、人間の側の"ノーミス"が可能という前提を置くこと自体幻想であることは明らかです。"ノーミス"は幻想といよりもむしろ科学的に誤りだといわなければなりません。加えてハッカーやなりすまし詐欺の横行が後を絶ちません。だから制度悪用の危険も考慮すべきです。

　マイナンバー制度にはこうした制度の弱点を狙われる避けられない安全神話によりかかる錯誤であるといわざるをえません。というより怖いのはむしろこ

の制度を"不沈空母"と見なし、多くの欠陥をも生む制度であることを承知の上で、白(知ら)を切って船出させていると見なす方が真実に近いのではないかと思いたくなります。

　従来の危機意識をもつ人々の感覚でも防御できない弱点をもっていることが明らかですし、誤作動の連鎖も食い止められるシステムでもありません。経営的批判をすれば、分権型情報システム構築の再提案を考慮すべきでものしょう。

　マイナンバー制度の始発に当って、その危険な実例が、なんと制度発足と同時に露見した事件が起きました。事件発生が偶然とはいえないところに、事態の重要性と事件性とが見られます。それは欠陥マンションの発生要因とも共通する行政と企業との歪んだ、白(知ら)を切れる結合関係、とくに低コスト化、民間活力の活用、官民協調などといわれることですが、日本のビジネスモデルには、常に外注、下請・再下請など、個別の経営主体が連なって重層的に業務処理構造を築き、行政サービスの提供やその実現を丸投げして行政を支える仕組みがつくられています。それが一種のアンダーグラウンド経済(不法な地下経済、闇経済)を構築し、高級・上級官僚の天下り先ないし受け皿の機能と共存しています。この責任所在を拡散・分散させ、不明瞭にする"液状化"構造に寄りかかってきています。責任拡散体制である下請重層構造が、国民・市民の個人情報処理の安全性を極めて大きな危険にさらすのです。このことを十分に強調しておく必要があります。その事件とは厚生労働省のマイナンバー制度担当の専門職性の高い課長補佐の贈収賄事件として表面化しました。

　事件の前提を述べておく必要があります。厚生労働省、経済産業省や国税庁、警察庁などの中央省庁をはじめ、各地方自治体や日本年金機構など、国と地方の各行政機関、政府管理下の独立行政法人等々の組織は、事務・事業運営に当たって、行政組織を担う能力的、人員的不足が深刻化しています。国会が"生産"する多くの法令、それにつれて増える業務への人的、組織的な対応力はとても不足しています。このことが指摘されてすでに久しくなりました。そこで業務遂行には民間企業(その多くは官僚退職者などが採用された会社)を制度運営の機関として、新規業務の開発、運用機能を行政組織から切り離してアウトソーシングしてきました。

　だから所管省庁の監視・管理強化や罰則等で補強するには無力となる事件が

第6章　戦争をする国家・改憲へのインフラづくり　171

発生しました。この事件にはこうした行政組織のスリム化と外注・委託依存を増やすことから発する監視・管理能力の空洞化の上に発生したところに本質的要因があります。

　すなわち、マイナンバー制度発足と同時に、奇しくも厚生労働省医療関係情報管理システムの一角を担っていた中安一幸情報収集担当課長補佐がかかわった事件です。ここには厚労省業務遂行システムを民間が実施するに当たり、民・官との間を取り結ぶ契約にかかわって、民間の情報処理システム会社に処理システム構築の基礎作業を行わせ、その関係の下で、業務推進とマイナンバー制度下での業務委託を前提としたキックバックする行政システムとし、民間企業がそれを請ける見返りとして官僚に報酬を与えたのです。厚労省はこの基礎作業を厚労省医療マニュアルとして流用、採用したのです（なおこの会社名はなぜか公表されていません）。

　この関係の中で贈収賄汚職事件が発生したわけです。事件は制度全体における制度（システム）設計および運用に伴う基本的、技術的なシステムの開発、販売、運用の体制全体の弱点が露呈しています。その官・民融合のシステム構築体制は、いかに脆く不確かな仕組みになっているかを示すに十分な構図です。

　犯罪の贈賄側の企業名はなぜか報じられていないことは、事件にはもっと根の深い構造があり、容易に改善できないことを示していると想像されます。事件の全容は今後の捜査によって刑法的犯罪面だけはある程度明らかにされるでしょう。しかし、犯罪事件に至った根底にある制度やその仕組み、つまり行政と企業取引における利害中心的関係の脆さと公務遂行のコスト削減と称した民営化される事業の裏側には、企業があっての行政機能を取りこみ、大きな利益を得る仕組みを解明したうえで改善しなければなりません。それなしには事件全体の解決には至りませんし、効果的な再発防止策も生まれません。マイナンバー制度のシステム設計、そして今後の運用には表面化しない多くの外注・委託体制の生む脆弱性の克服と信頼できる方策を抜きに論議はできません。

　ということは、公務の民営化が管理体制に予期しない、起きてはならない弱点を存続させ、拡張していくといえます。それは巨大な堤防を崩壊させる小さなネズミやモグラの穴の事例のように、行政組織運営の弱点、システム設計の誤りが、犯罪という形であぶり出されたところに事件の真相を見出さなければ

ならないといわなければなりません。

　汚職防止、不正摘発の必要はいうまでもありません。だが、マイナンバー制度の初発において生じたこの行政と企業とに介在する密接な業務上の関係が、それ自体が業務遂行と犯罪とが表裏をなしていることが示されました。この点でこのマイナンバー汚職事件は、マイナンバーシステムの重大な欠陥が露出したことを示しているのです。

　原発事故と瓜二つの"想定外の事案"が繰り返されています。国民・市民としてこれを公務職員の例外的な金まみれ事故と限定せずに、処理不能なほどの消えた年金事故を起こした社会保険庁、大量情報流失事故を起こした日本年金機構の情報漏えい事件に共通するのは、低コスト化という"行政効率化"への"ご信心"、それに基づく民営化、下請・外注化が専門性を劣化させ、公務の基本的責務を喪失させてきたという関連性が問われているといえます。

　収益の点からみると、公務の多くは利益を生まない事務・事業が多く、しかもその業務領域は広い範囲にわたります。それにもかかわらず公務を収益を生むことを目指す民間事業（者）に委ね、企業化し、公共性、国民の真の安全性をも事業者に丸投げし、公務を劣化させてきました。今回の厚労省贈収賄事件は、制度設計思想に収益原則に委ねた錯誤がみられます。この点に事件の底流、"深層海流"があるというべきです。

　人間である公務員を減らし、人間に代えて０と１とで組み立てられた電子情報行政組織が、まるでバベルの塔の崩壊事例を見るように、情報依存、言語と思考軽視の国家システムづくりという哲学の貧困が破綻している構図を示しているといえます。

　そこで政府の対応は、情報管理上のセキュリティ（安全策）を施し、ナンバーを取り扱う職員には個人情報の管理・運用を厳しく徹底し、違反すれば厳しい罰則を設けるようにしています。だからマイナンバー制度システムが国民・市民に対するリスクは少ないと主張しているのです。だが、そこに潜んでいる誤りを指摘し、改めるまで、マイナンバーの実施を遅らせるか、中止すべきだといわなければなりません。

むすび

　国家による国民監視・管理体制強化（政府権力の強化）に逆比例するように労働者・小規模事業者の情報ギャップは拡大されることになるでしょう。加えて世界にも類似の事例を見ないほど強力、広範囲、柔軟な現代の市民社会において国家行政組織や一部の大企業にとってのみ都合のよいマイナンバー制度がつくられようとしています。

　内閣府は問題などに対する様々な不安に対し、過度な「安全神話」ではマイナンバー制度に関して国民・市民の多くには通用しないことは明らかです。もとより情報収集・保存・運用および今後の番号利用拡大から生じる脆弱性の実証は、原発神話以上に安全神話が容易に崩れていることが指摘されています。

　社会制度に関して技術的に完全なシステム構築など不可能な夢です。そのうえ民主・自民両党との「社会保障・税の一体改革」合意が葬られ、安倍政権に引き継ぐとマイナンバー制度自体が大きな変質を遂げたことはすでに見てきたとおりです。この変化がもたらす結果は、国民をどこに導くのでしょうか。

　政府は、行政の効率化・迅速化、負担の公平化、災害など非常時対応などの行政サービスをレベルアップすると宣伝しています。さらにアベノミクス登場でも低迷を脱しきれないので、安倍政権は経済成長の“第2ステージ”なるものを打ち出しました。日本経済に新しい成長産業の育成や商機の拡大など市場的強制策を交えた“第2ステージ”を、優先的に改造内閣が推進すると宣言しました。その狙いの一角に電子政府の柱となる新規情報産業の市場形成を期待できるといっています。

　マイナンバー制度では、国民の個人にかかわる所得を所得発生の基本的事業空間（＝所得獲得の場所）である企業には法人ナンバーで紐付けされます。企業情報が100％国税庁に報告されます。近い将来、金融機関、証券・保険会社からの所得情報も集中されるでしょう。本業、副業をはじめ、高校生をはじめ大学生のアルバイト収入も学生家族の世帯収入に名寄せされ、社会保障給付に関する審査に活用されることになるでしょう。

　問題は、制度適用の適正さよりも、行政が「後ろめたいことがない」のなら

公表せよという論理で、国民・市民生活の内容を裸にして、国民・市民は自分も知らない親族の所得等まで把握され、行政の情報集積が新たな権力機構の役割を担って現われ、国民・市民の意思から切り離され、国民・市民の自立した判断が行れなくなります。これに反論し、反対することは容易ではありません。

　自由な個人を監視体制の下におこうとする政府、事業拡張にのみに集中する大企業による個人情報の自由な活用を押し広げる制度運用は止めて、最小限にとどめるべきです。国家による監視環境の罠に国民の個人的権利、基本的人権を囲い込ませてはなりません。それが国民生活優先の国家を目指し、真に平和主義憲法を現実に活かすための新たな基本条件を確保することです。

　これら国民・市民の現実の要請とその実現の運動が、安倍政権がいう積極的平和主義、安全保障法制の名で戦争を遂行できる法制度への転換、1億活躍の名のもとに国民精神総動員型の政策で、改憲・戦争する国家づくりに抵抗する重要なラインとなるのです。

（永山　利和）

本書執筆者・担当章

プロローグ	鎌田　一（かまた　はじめ）	
	日本国家公務員労働組合連合会書記長	
第1章－1	今西　清（いまにし　きよし）	
	元自治体労働組合総連合専門委員	
第1章－2	日下部　雅喜（くさかべ　まさき）	
	介護保険料に怒る一揆の会事務局長	
第1章－3	秋山　正臣（あきやま　まさおみ）	
	全労働省労働組合副中央執行委員長	
第1章－4	岡田　俊明（おかだ　としあき）	
	青山学院大学大学院非常勤講師・税理士	
第1章－5	菊池　大輔（きくち　だいすけ）	
	全国商工団体連合会副会長・（株）アート設計事務所取締役	
第2章	坂本　団（さかもと　まどか）	
	弁護士	
第3章	恒川　隆生（つねかわ　たかお）	
	静岡大学教授	
第4章－1、第6章		
	永山　利和（ながやま　としかず）	
	元日本大学教授・行財政総合研究所理事長	
第4章－2	杉浦　公一（すぎうら　こういち）	
	全厚生労働組合書記長	
第4章－3	山﨑　正人（やまさき　まさと）	
	国土交通労働組合書記長	
第5章	白石　孝（しらいし　たかし）	
	プライバシー・アクション代表	

個人情報丸裸のマイナンバー(プライバシー)はいらない！

2016年1月20日　第1刷発行

定価はカバーに表示してあります

●編著者──永山　利和
　　　　　　今西　　清
●発行者──中川　　進
●発行所──株式会社　大月書店
〒113-0033　東京都文京区本郷2-11-9
電話（代表）03-3813-4651
振替 00130-7-16387・FAX03-3813-4656
http://www.otsukishoten.co.jp/
●印刷──太平印刷
●製本──中永製本

©Nagayama Toshikazu　Imanishi Kiyoshi　2016

本書の内容の一部あるいは全部を無断で複写複製（コピー）することは法律で認められた場合を除き、著作者および出版社の権利の侵害となりますので、その場合にはあらかじめ小社あて許諾を求めてください

ISBN 978-4-272-33087-4　C0036　Printed in Japan